HISTORIQUE

DE LA

CATHÉDRALE DE CHARTRES.

PREMIER APPENDICE,

COMPRENANT

SES SINISTRES

JUSQU'A CELUI DU 4 JUIN 1836 INCLUSIVEMENT.

PAR M. LEJEUNE,

BIBLIOTHÉCAIRE.

CHARTRES,
GARNIER, IMPRIMEUR-LIBRAIRE,
PLACE DES HALLES, 16 ET 17.

1839.

Ce premier Appendice est extrait de l'*Annuaire* statistique, administratif, commercial et historique du département d'Eure-et-Loir, pour 1839, qui se trouve chez le même libraire.

Chartres, Imprimerie de Garnier fils.

VUE INTÉRIEURE DU VIEUX CLOCHER

avant l'incendie du 4 juin 1836.

DES SINISTRES

DE LA

CATHÉDRALE DE CHARTRES.

Le premier sinistre qui frappa l'église de Chartres et dont les chroniques nous ont conservé le souvenir, eut lieu, dit Souchet, au chapitre 2 de son histoire manuscrite, sous le règne de Thierry second, roi de France, et pendant l'épiscopat de Flavius, 57e ou 59e évêque du diocèse. La ville entière fut brûlée ainsi que son église, l'an 770. Le manuscrit de sa fondation, dans lequel il a puisé ce document, s'exprime ainsi :

> *La première destruction*
> *Fut l'an de l'incarnation*
> *Sept cent soixante et dix.*

Deux autres historiens, Pintard et Challine, témoignent de cet incendie dans leurs manuscrits.

Le second incendie arriva vers l'an 858, sous l'évêque Frobold, lors de la prise de la ville par les Normands, sous la conduite de Byer, leur roi, dont les bandes étaient sous le commandement d'Hastings. La plus grande partie des habitants furent massacrés, un grand nombre d'hommes, de femmes et d'enfants, qui croyaient trouver un asile certain dans l'église, y furent impitoyablement assassinés aux pieds des autels ; la ville et son église furent entièrement brûlées et dévastées.

Le troisième eut lieu sous l'évêque Hardouin, l'an 962 ou 973. Richard, duc de Normandie, étant en guerre depuis huit ou neuf ans avec Thibault-le-Tricheur, premier comte héréditaire de Chartres, vint fondre tout-à-coup sur la ville qu'il prit et réduisit en cendres ainsi que son église, qui fut promptement reconstruite de bois en majeure partie.

Teude ou Teudon, orfèvre architecte, qui, suivant un nécrologe de St.-Père, décéda le 18 des kalendes de janvier, l'an 991, le même qui fit en or la chasse qui renfermait la tunique de la Sainte Vierge, donnée par Charles-le-Chauve, fit le frontispice de l'église de Notre-Dame et coopéra à sa reconstruction; et l'on regarde comme certain, que les statues des rois et des reines qui ornent encore aujourd'hui la porte royale, lui appartiennent, et qu'elles y ont été rajustées dans le cours des grands travaux exécutés sous l'évêque Fulbert. Ce Teudon avait aussi décoré l'église de Saint-Père.

Le quatrième, qui dévora entièrement cette antique basilique, signala l'épiscopat du célèbre Fulbert, qui en occupait le siége, et commença la reconstruction de ce temple magnifique continué sous ses successeurs, et que nous admirons aujourd'hui encore. Ce sinistre eut lieu le 7 septembre, veille de la Nativité de la Vierge, en l'an 1020. On pense généralement qu'il fut produit par le feu du ciel.

Cette église, qui n'était reconstruite en grande partie que de bois, fut complètement détruite. La Sainte Châsse, contenant la chemise de la Vierge, fut sauvée par des Chartrains qui, bravant la fureur des flammes pour l'enlever de dessus le maître-autel où elle reposait, la descendirent dans un souterrain pratiqué sous le sanctuaire, où ils se trouvèrent emprisonnés pendant trois jours. On les retira sains et saufs avec le précieux dépôt qu'ils avaient ainsi conservé au péril de leurs vies.

Après ce désastre, Fulbert ayant conçu le projet de léguer à la postérité un monument durable, tracé sur un vaste plan, et construit avec une solidité capable de résister aux efforts du temps et des sinistres qui pourraient le frapper, fit un appel à la munificence des souverains de l'Europe et des princes particuliers de la France, qu'il invita à contribuer à l'élévation d'un temple si auguste.

D'abord il y employa les revenus de son évêché pendant trois ans; à son exemple, Robert, roi de France, appelé *le père de l'architecture religieuse* et dont il était le chancelier; Kanut ou Canut-le-Grand, roi d'Angleterre et de Danemarck; Richard, duc de Normandie, beau-frère de ce dernier; Guillaume, duc d'Aquitaine; Eudes, comte de Chartres, et beaucoup d'autres princes et seigneurs y contribuèrent par de grandes largesses. Le chapitre et le clergé du diocèse s'empressèrent de suivre un aussi noble exemple. Entraînés par ces grandes libéralités, les peuples des pays circonvoisins, rivalisant de zèle et de générosité, fournirent l'argent et les matériaux dont ils pouvaient disposer, ainsi que les vivres nécessaires à la multitude innombrable d'ouvriers qu'une telle construction exigea.

Cet immense travail fut poussé avec tant d'activité, que huit années suffirent pour en asseoir les énormes fondements et clore les voûtes des cryptes, puisqu'en 1028, Fulbert, qui mourut le 10 avril 1029, écrivit (1), entr'autres choses, à Guillaume, duc d'Aquitaine, qu'avec l'aide de Dieu et son assistance, il avait terminé les grottes de son église, qu'il espérait couvrir avant l'hiver, pour les garantir des effets des intempéries de cette saison rigoureuse.

Le grand Fulbert laissa, par son testament, une forte somme d'argent pour continuer la reconstruction de son église, qu'il avait commencé à réédifier.

La dédicace de l'église (et l'on ne peut parler ici que de l'église souterraine ou des cryptes) fut faite, suivant une chronique de Maxence, le 17 mai ou 16 des kalendes de juin de l'an 1037, ou bien, d'après une chronique d'Angers, le 17 octobre ou 17 des kalendes de novembre même année (2).

Cet édifice fut continué avec la même activité par les successeurs de l'évêque Fulbert.

Au nécrologe de M. Leferon, chanoine, (que nous ne possédons plus) et qui existait dans le milieu du 17ᵉ siècle, on lisait : Le 8 des kalendes de janvier, mourut *Jean, médecin,* qui

---

(1) Epître 86.
(2) Recueil des historiens de France, par dom Bouquet et ses continuateurs, tome II. An 1037.

construisit, en argent, le siége ou reposoir des chasses (sur lequel on exposait, sur le maître-autel, les reliquaires); ce fut lui qui fit construire le vestibule (portique méridional) du côté droit, et qui présida à la confection de plusieurs autres travaux de cette église.

En marge était écrit : Le 8 des kalendes de janvier 1030, mourut le médecin Jean, natif de Chartres, médecin du roi Henri premier, lequel fit construire les voûtes de l'église.

A cette époque, un médecin réunissait plusieurs professions. Cormier dit : Jean-le-Sourd, Chartrain, était le médecin de Henri 1er, fils du roi Robert, lequel, après la mort de son fils aîné Hugues, arrivée le 7 septembre 1025, s'associa Henri, son second fils, couronné à Reims le 4 mai 1027; et c'est à ce titre que Fulbert, dans sa 99e épitre, adressée au roi Robert, dit à ce monarque : *Nous avons envoyé nos délégués au roi Henri votre fils.*

Ainsi donc, ce Jean-le-Sourd, Chartrain, fut l'architecte qui, sous le grand Fulbert, dut tracer et faire établir les immenses fondations de la cathédrale de Chartres, et diriger la construction des cryptes ainsi que la première partie de l'église supérieure, qui comprend les basses ailes et le portique méridional; l'ornementation en statues et bas-reliefs, dont il est singulièrement enrichi, ne put être exécutée que plus tard, c'est-à-dire dans le cours des 12e et 13e siècles, à cause du temps qu'exigeait un tel ouvrage, et du choix à faire des artistes qui en furent chargés.

Il paraît, d'après le nécrologe que nous venons de citer, que le roi Henri premier, qui mourut au mois d'août 1060, fit construire non-seulement les voûtes de l'apside, mais encore la grande voûte de l'église.

Si, comme on l'a toujours prétendu, la belle charpente en châtaignier de l'église de Chartres provenait des forêts du Danemark ou de la Norwège, ce qui paraît assez vraisemblable à cause de la beauté des bois dont elle était formée, elle ne put être due qu'à la munificence de Canut II, dit le Saint, second fils naturel de Suenon II, neveu de Canut-le-Grand. Ce prince, qui fut roi de

Danemark en 1080, montra beaucoup de zèle pour la propagation de la foi dans ses états, et donna lui-même l'exemple de la plus sincère piété, fut égorgé dans une sédition, l'an 1086, dans l'église d'Odensée, où il s'était retranché.

Vers l'an 1088, un chanoine, prévôt de l'église (1), ayant trouvé en mauvais état la couverture provisoire du sanctuaire, abîmée par les intempéries, la fit faire en plomb, à ses frais, et placer au sommet de l'aiguille, qui en réunissait les 58 fermes, une girouette sous la forme d'un ange drapé, en cuivre doré, sur un noyau en bois, et tournant, sur un pivot en fer, au gré du vent qu'il indiquait de la main droite, tendue et armée d'une croix. On le nomma vulgairement l'*ange Gabriel* ou *l'ange gardien*. Cet emblême religieux, véritable horoscope de la propagation de la foi chrétienne, en indiquant à tous les instants le point d'où le vent soufflait, semblait annoncer en même temps qu'il n'existait sur la terre aucune contrée qui fût inaccessible au salut du monde, que l'image du Christ placée en avant sur la pointe du pignon de la porte royale, enseignait aux peuples de la terre.

A la même époque, 1088, Mahault, femme de Guillaume-le-Bâtard, duc de Normandie, fit couvrir en plomb la charpente du chœur, du transept et de la grande nef (2). Toute cette première couverture fut peinte et parsemée de fleurs de lys d'or (3).

Le même obituaire porte encore, sous la date des ides 7 septembre même année, qu'un roi d'Angleterre fit faire, pour le repos de l'ame d'Alix, sa fille, et établir au-dessus du chœur le petit clocher des nones (des bavardes ou babillardes), qui com-

---

(1) Souchet et un obituaire de l'église de Chartres, du 4 des nones d'août ou 2 du même mois.

(2) Même obituaire que ci-dessus. Le jour de devant les kalendes de novembre même année.

(3) Un ordre militaire de Notre-Dame du Lys, fut institué par Gercin IV, roi de Navarre, en 1048, à l'occasion d'une image de la Vierge trouvée miraculeusement dans un lys, et qui guérit ce prince d'une maladie dangereuse.

prenait six petites cloches (les commandes) que l'on sonnait pour avertir des offices, les chanoines, les chantres et les enfants de chœur. Cette Alix ne peut être qu'une fille (sans doute naturelle) de Guillaume II, dit le Roux, roi de la Grande-Bretagne, mort célibataire en 1100.

Un autre petit clocher percé à jour en forme de lanterne, appelé *la grue*, s'élevait au centre de la croisée, au-dessus du grand œillard par lequel on montait les bois, le plomb, et en général tous les matériaux nécessaires à la construction des combles et de la couverture de l'église. Cette opération se faisait au moyen d'une machine architectonique, une grue. Le clocher qui remplaça cet instrument après la confection de la couverture, en conserva la dénomination, qui se perpétua par le double usage auquel il fut dans la suite consacré.

Le premier, c'est qu'on y établit un treuil, au moyen duquel on montait et descendait les cloches du petit clocher dont on vient de parler, ainsi que toutes les matières nécessaires aux réparations de la toiture.

Le second, parce que, dominant toute la campagne, le chapitre y entretenait un guetteur pour avertir des incendies qui se manifestaient dans la ville, la banlieue et au loin, ainsi que l'approche des ennemis qui menaçaient la ville de quelque surprise, et que ce guetteur y faisait alors *le pied de grue*. On y plaça également une *crecelle* dont le bruit avait pour objet d'annoncer les offices des jours de la semaine sainte, pendant lesquels le son des cloches était interdit; le peuple donna encore à cette crecelle le nom de *grue*.

En construisant ce vaste édifice au milieu des guerres et d'une tourmente incessante, l'architecte ne pouvait négliger les moyens d'une surveillance indispensable pour prévenir toute surprise et toute attaque de la part des ennemis, et ce fut dans ce but (nous dit une vieille chronique de l'église) que les deux portiques du nord et du midi furent flanqués de deux tours carrées, percées à jour, qui s'élèvent à droite et à gauche, et dont deux, celles qui regardent les clochers, sont couronnées d'un parapet à hauteur de poitrine d'homme. *On entretenait dans ces quatre tours ou guérites (camenilœ), quatre hommes armés qui, pendant toute la nuit, gardaient ainsi l'église et le cloître, dont les infracteurs de sa liberté étaient punis d'une amende de cent livres, valeur d'or, aux termes des priviléges royaux qui lui étaient accordés.* En avant de chaque portique, vers l'apside, et à peu de distance des premières, sont deux autres tours, carrées aussi, construites à jour et destinées au même usage; elles se terminent par des plate-formes entourées d'une balustrade.

Les quatre corps-de-garde qui fournissaient ces sentinelles nocturnes, étaient établis dans des chambres voûtées, dont l'entrée se trouve sous la galerie du pourtour intérieur de l'église, dans le voisinage de chacune de ces guérites. Ceux du midi se trouvent aujourd'hui occupés, l'un par le bureau du contremaître de M. Mignon, constructeur de la belle charpente en fer que nous devons à la générosité du gouvernement; et l'autre, par les peintres qui y ont établi leur atelier.

Peu d'années après la mort de Fulbert et pendant la reconstruction de l'église sous l'épiscopat de Théodoric, successeur immédiat de ce prélat, la ville de Chartres fut encore consumée par le feu, l'an du Seigneur 1034. Les masses de pierres que cet édifice comprenait alors, ne reçurent aucune atteinte de ce fléau.

Saint Yves, l'un des plus grands évêques de l'église de Chartres, qui mourut le dimanche de l'Incarnation de l'an 1115, ajouta, pendant son épiscopat, à l'œuvre de Fulbert, un magnifique jubé, *pulpitrum*, qu'il avait érigé à ses dépens l'an 1099, puis décoré d'une manière merveilleuse par une élégante architecture et des bas-reliefs dorés et peints de diverses couleurs, représentant les principaux faits de la vie de Jésus-Christ et de sa divine mère. Ce bel ouvrage, conservé avec soin pendant plus de six siècles, fut détruit par ordre du chapitre, dans l'espace d'une nuit, le 25 avril 1763, lorsqu'il voulut changer la décoration du chœur, sous l'épiscopat de M. de Fleury.

L'an 1134, sous l'épiscopat de Godefroy ou Geoffroy, et sous le règne de Louis-le-Gros, la ville de Chartres fut encore la proie d'un vaste incendie qui respecta la cathédrale (*reservata per Dei gratiam ecclesia*). Mais dans ce désastre, la belle et vaste église du monastère de St.-Père fut détruite (*corruit cum claustro*) ainsi que sa maison conventuelle qui n'offrit plus que des ruines. A l'époque de ce désastre, Foucher, qui en était abbé, faisait partie de la première croisade dont il écrivit l'histoire ; à son retour, il s'occupa de la reconstruction de son église dont il fit faire les voûtes de l'apside. Ce grand travail était en pleine activité en 1105.

Le pignon du grand portail occidental et les deux clochers, à la construction desquels on travaillait particulièrement depuis long-temps, ne furent achevés que vers le milieu du 12e siècle, puisqu'ils étaient encore en construction en 1145. La pyramide, dite *le clocher vieux*, fut érigée en pierre telle que nous la voyons encore aujourd'hui ; dans la plus haute lucarne cintrée, celle qui regarde le clocher neuf, sur le côté droit, porte, gravé sur la pierre, le millésime 1114, et au-dessous le nom d'Adrien en grandes lettres, puis celui d'une autre personne, sans doute des ouvriers qui y travaillaient alors.

L'autre pyramide, nommée *le clocher neuf*, avant son rétablissement en pierre, était construite en bois et couverte en plomb, les moyens ayant probablement manqué alors pour la continuer en pierre sur la tour carrée destinée à la recevoir. Sa hauteur pouvait être la même que celle du clocher vieux.

Un auteur du temps s'exprime ainsi sur le travail de ces deux pyramides : « Les hommes, qui d'abord avaient conduit dans des
» voitures, les pierres, les bois, les vivres, et beaucoup d'autres
» objets, à Chartres, dont les tours se construisaient alors,
» commencèrent à transporter sur leurs épaules tous ces objets,
» pour hâter la reconstruction de l'église. Celui qui n'a pas vu
» ces choses n'en verra jamais de semblables, non-seulement sur
» les mêmes lieux, mais même dans presque toute la France et
» la Normandie et dans beaucoup d'autres pays. La perte de ce
» monument (l'église de Chartres) avait répandu partout la plus
» grande affliction ; et l'on croyait ne trouver la fin de tous ses
» maux et ne pouvoir sécher ses pleurs, qu'en coopérant de tous

» ses moyens à la reconstruction de ce temple ; les femmes même
» s'associaient à ces pénibles travaux (1). »

Sous l'épiscopat de Pierre de Mincy, qui mourut l'an du Seigneur 1286, la ville de Chartres fut encore entièrement consumée par le feu, excepté sa grande église (*reservata majori ecclesia*), mais celle de St.-Aignan fut entièrement consumée et détruite (*sed ardente ecclesia Sancti Aniani*).

Le manuscrit qui nous transmet ces faits d'une grande importance pour l'histoire de notre église, en nous reproduisant, dans la majeure partie de son texte, ceux consacrés par le *Livre noir* qui a disparu, fut écrit par ordre du chapitre, sous le règne du roi Charles V, dit le Sage, fils aîné et successeur du roi Jean II. Il régna de 1364 à 1380. Ce cartulaire précieux, remarquable par une exacte reproduction des faits les plus importants qui regardent l'église de Chartres, ne signale, de 1134 à 1286, aucun sinistre dans la ville de Chartres, autre que ceux que nous venons de mentionner, et l'on ne doit pas raisonnablement supposer que l'auteur eût pu ou même voulu passer sous silence un fait aussi important qu'un incendie qui aurait détruit et fait crouler, en 1194, l'église construite par Fulbert et ses successeurs, monument si extraordinaire par la force de sa construction en pierres dures, qui dominait, par la hardiesse de son élévation, sur la crête de la montagne, toutes les maisons de la ville que le feu pouvait bien dévorer entièrement sans l'entamer, et qui avait été si habilement destiné à braver les orages des siècles et les sinistres des guerres dont on était continuellement menacé.

S'il fût tombé en ruines à l'époque indiquée, il aurait infailliblement entraîné dans sa chute immense, la destruction de ses deux admirables pyramides ; pourquoi alors le vieux clocher porte-t-il encore aujourd'hui le millésime de 1114 ? dans quel but cette réminiscence historique gravée par un ouvrier sur cette tour majestueuse ? puis il aurait été reconstruit aussitôt ; et pourquoi alors ce grand événement se serait-il trouvé indigne de quelques

---

(1) De Robert Dumont à Sigebert. Recueil des historiens de France, par dom Bouquet. In-folio, t. 13, pag. 290.

pages dans notre histoire locale? pourquoi, enfin, nos cartulaires seraient-ils restés muets sur un fait d'une si haute importance, qui devait faire la gloire des prélats qui auraient présidé à cet œuvre magnifique? la saine raison se refuse à le croire. Quand nos cartulaires des 11e et 12e siècles constatent avec tant de rigueur tous les actes de la munificence des souverains, les largesses des princes et des seigneurs, et les pieuses et généreuses libéralités des peuples qui rivalisèrent de zèle et d'ardeur pour nous doter de ce chef-d'œuvre gothique; pourquoi nos archives n'auraient-elles pas signalé, d'une part, ce grand sinistre, et de l'autre, l'immensité de sa perte et de sa destruction deux siècles après Fulbert? pourquoi n'aurait-on pas dit les noms de ceux qui coopérèrent à ce grand œuvre, et signalé les faits qui durent l'accompagner, ainsi que sa durée et les offrandes, en même temps que les sentiments de la douloureuse affliction inspirée par une perte de cette nature? L'étrangeté d'une telle lacune fait reculer la froide raison devant sa supposition. Cet édifice admirable, dont Fulbert a posé les fondements, est donc resté immuable sur sa base, pour transmettre à la postérité le nom de son immortel auteur.

Cependant des historiens, respectables par leur érudition et une réputation justement méritée, ont avancé, comme fait consommé, la destruction de la cathédrale de Chartres en 1194.

D'abord, Rigord le consacre dans une lettre écrite à Saint-Denis, à 99 lieues du théâtre de l'événement.

Ensuite, Guillaume de Neubrige, dit *le Petit* (1), attribue ce malheur aux dépouilles de l'église de St.-Taurin d'Evreux, enlevées sacrilègement, et transportées à Chartres où elles attirèrent la vengeance du ciel.

Puis, Guillaume-le-Breton (2), historien et poète célèbre, qui mourut après 1226, vante la magnificence incomparable de la

---

(1) Recueil des historiens de France, vol. 17, p. 44. Ann. 1194. — *Historia rerum anglicarum.*

(2) Id. page......

reconstruction (après 1194) de ces voûtes miraculeuses, etc., de l'église de Chartres, dans les vers du 4e livre de sa Philippide.

Enfin Robert d'Auxerre ou de St.-Marien (1) (abbaye de l'ordre de Premontré, près cette ville) et qui florissait à la fin du douzième siècle, caractérise ce sinistre d'une manière plus détaillée.

« La cité des Carnutes, dit-il, populeuse, ornée d'édifices,
» fut dévastée par une combustion subite, et dans cet incendie,
» son église célèbre, dédiée à la mère de Dieu, fut totalement
» détruite avec le cloître qui ne présentèrent plus que des
» ruines, etc.»

Nous répondrons à ces objections, d'autant plus spécieuses qu'elles sont puisées dans les écrits d'auteurs graves et contemporains de l'époque supposée d'un tel sinistre, qu'il existe contre le fait qu'ils annoncent, un argument des plus forts : la preuve négative qui résulte du silence de nos cartulaires, si positifs et si exacts dans leurs documents historiques sur notre cathédrale, et particulièrement du silence absolu du Poëme des Miracles de la Vierge à l'occasion de la reconstruction du temple de Marie, mis du latin en vers français par Jean Le Marchand, en 1262, sur l'invitation de l'évêque Mathieu, qui reçut le siége épiscopal la même année, sous le règne de St. Louis, et mourut l'an 1270. Pourquoi le poète, qui traçait un poème de plus de 7,000 vers en l'honneur de la Vierge, et qui caractérisa tous les faits remarquables qui se passèrent lors de sa reconstruction, aurait-il omis un sinistre aussi grave et aussi récent, en même temps qu'une réédification aussi merveilleuse qui, à coup sûr, ne put s'opérer en 68 années qui s'écoulèrent de 1194 à 1262, quand la construction commencée par Fulbert dura un siècle et demi, sans l'ornementation due à la statuaire? Serions-nous donc condamnés à déchirer la tradition importante consacrée à la dernière page du Poëme des Miracles, composé par Jean Le Marchand en 1262, que l'auteur presque contemporain de l'incendie que l'on suppose être arrivé en 1194, et qui aurait été surtout

---

(1) Id. pag. 258-261.

le témoin inévitable de la reconstruction de la cathédrale, page dans laquelle il dit positivement que cette église est *la même* que Fulbert avait fait construire? Cette tradition ne donne-t-elle pas la solution la plus complète et la plus péremptoire de l'objection tirée des auteurs déjà cités? Comment les deux pyramides auraient-elles résisté à une aussi épouvantable conflagration, pour nous conserver le millésime de 1114? Quel miracle aurait donc sauvé le beau jubé construit par S. Yves, en 1099, et qui ne fut détruit qu'en 1763. Nos magnifiques vitraux, dont le caractère resté indélébile sous les efforts du temps, déposent d'une manière si incontestable de l'état de l'art admirable de la peinture sur verre du milieu du 12e au milieu du 15e siècle, tant par les légendes qu'ils consacrent, en même temps que par les personnages qui en ont fait hommage au temple de la Vierge, nous fournissent, d'accord avec les nécrologes de l'église, des preuves incontestables de l'époque de leur confection ; ils sont toujours là, ils frappent continuellement notre vue étonnée de tant de beauté. Qu'on nous dise donc quelle puissance surnaturelle les aurait affranchis avec leur bel état de conservation dans l'écroulement de cet immense édifice ; et cette basilique, si vaste dans ses développemens, si magnifique dans son ensemble, se serait retrouvée reconstruite et élevée sur sa base première dans le court espace de 52 ans, c'est-à-dire de 1194 à 1226, pour fournir les inspirations des Philippides de Guillaume-le-Breton. Il n'y a pas moyen d'y songer, l'impossibilité est trop radicalement matérielle.

À l'époque où écrivaient ces auteurs, l'église de St.-Père ou de Saint-Pierre, détruite par l'incendie de 1134, était en reconstruction. L'abbé Foucher en fit faire le chœur, et les voûtes de la nef sont dues au moine Hilduart (1). La structure de ce monument, tel que nous le voyons aujourd'hui, est d'une légèreté et d'une élégance admirables. C'est un type parfait de l'architecture ogivale. On y remarque encore des restes du genre roman de sa construction primitive, conservés dans les bas côtés.

---

(1) Voir l'histoire Mss. du monastère de St-Père, par le moine Auger.

Ce ne peut être qu'à ce beau travail que ces historiens ont fait allusion dans leurs documents historiques, et l'application de la dédicace de ce monument *à la mère de Dieu*, est sans contredit une erreur palpable, dans laquelle les renseignents sur lesquels ils ont écrit et qu'ils ont négligé de vérifier, les ont jetés. Quant au millésime de 1194, placé en marge de ces articles dans le volume qui les comprend, il est encore hors de doute que les premiers éditeurs de leurs manuscrits se sont trompés, et qu'ils ont lu sur l'original 1194 au lieu de 1134, faute typographique si facile à commettre dans l'espèce. Il reste donc établi en fait, que la seule église importante dont la construction à Chartres pouvait se terminer à la fin du XIIe siècle, est celle de Saint-Pierre, qui, d'après les archives de ce monastère, était en reconstruction en 1165, époque à laquelle on y trouva le corps de St. Gildouin, évêque de Dôle, qui, passant par Chartres, tomba malade et mourut dans cette abbaye où il fut inhumé dans le chœur de l'église, l'an 1077, le 27 de janvier. Le corps du saint personnage, enveloppé d'une dalmatique, d'une tunique et d'un cilice, fut trouvé dans un caveau voûté : il en fut retiré pour être renfermé dans un châsse avec les reliques d'autres saints qui étaient conservés dans cette église.

A ces preuves si concluantes, nous ajouterons encore celles qui résultent de la statuaire de nos portiques, des peintures de nos vitraux, et qui démontrent d'une manière irrécusable qu'ils sont encore aujourd'hui ceux-là même de l'église construite par Fulbert, puisqu'ils reproduisent des faits historiques d'une haute importance, qui se passèrent à l'époque ou à la suite immédiate de la reconstruction de l'ornementation de cet édifice, et antérieurement à 1194.

1.º L'ornementation des portiques de l'église de Fulbert était en pleine activité dès la fin du XIe siècle, époque du départ de la 1re croisade; aussi consacre-t-elle dans la statuaire les faits majeurs qui se passèrent de 1096 à 1144, départ de la seconde, puisqu'on remarque dans celui du nord, alors consacré à l'entrée solennelle des souverains, les statues de nos rois, de nos reines, de Thibault IV, comte de Chartres, qui accordèrent l'acte primordial de la liberté communale due à la sollicitation des évêques Geoffroy II et Gosselin II, dont les images s'y trouvent également au milieu des détails de ce grand drame politique. Puis, le portique du midi comprend le complément de cette scène glorieuse, dans les statues des papes Honorius II et Innocent II, qui y coopérèrent. Ce dernier surtout, pendant le débat qui s'agitait à Rome sur sa nomination, séjournait alors à Chartres où il s'était retiré, et où il fut reconnu dans sa dignité par saint Bernard qui y prêchait la seconde croisade. Le pape Calixte, prédécesseur immédiat d'Honorius II, vint également à Chartres pendant ces grands travaux. Pourquoi encore sa statue ne se trouverait-elle pas au nombre de celles des souverains pontifes qui ornent ce portique, pour consacrer la mémoire de cet événement d'une haute importance?

Enfin, sous l'arcade du même portique, celle qui s'élève vers le clocher vieux, deux princes croisés se font remarquer à droite et à gauche. Ces deux statues représentent incontestablement, l'une le comte Etienne qui fit partie de la croisade de 1096, et la seconde qui est en regard, celle de Henri, fils de Thibault-le-Grand, lequel se croisa en 1144. La consécration de ces glorieux souvenirs ne caractérise-t-elle pas toute la puissance de l'intérêt positif de l'époque à laquelle ils se passèrent, intérêt qui perdait toute son intensité un siècle plus tard, pour faire place à d'autres actes importants dont une reconstruction, reportée au XIIIe siècle, serait devenue le témoin? des sentiments nouveaux, n'auraient-ils pas commandé alors impérieusement des souvenirs qui auraient consacré la mémoire des réparateurs de ce nouveau désastre? cette ornementation de nos portiques ne stigmatise-t-elle pas de nos jours encore, la suite immédiate et non interrompue des travaux de l'église dont Fulbert a posé les fondements en 1020, et qui furent continués par ses successeurs?

2.° Le caractère des belles peintures de nos vitraux, tous si évidemment exécutés de la fin du XIe siècle au commencement du XIIIe, n'offre-t-il pas encore la preuve la plus forte en faveur de la conservation de l'église de Fulbert, et ne repousse-t-il pas toute idée de la destruction de notre cathédrale dans un incendie qui serait arrivé en 1194, c'est-à-dire dans les dernières années du XIIe siècle? Comment concevoir que ces frêles matériaux qui forment une partie du grand tout, si admirable dans son ensemble, aient pu être sauvés au milieu d'un aussi épouvantable désastre? Quelle puissance les aurait détachés pour les conserver intacts au milieu d'un incendie subit et imprévu, qui aurait fait crouler cet immense édifice sur sa base? Le caractère spécial de cette riche composition, qui ne peut être méconnu, n'est-il pas l'argument le plus fort en faveur de l'église de Fulbert? Enfin, nos archives nous enseignent que toute cette brillante ornementation est due aux libéralités de personnages manquants dont elles donnent une partie des noms, tandis que l'autre se trouve écrite sur ces mêmes verrières avec quelques dates. Les donateurs de ces vitraux peints sont représentés au pied de chaque verrière, et on y voit dans le chœur Pierre Abailard à genoux, revêtu du l'habit monastique, faisant hommage à la Vierge de Chartres de la grande verrière qui le comprend, et cet homme célèbre, abbé de St.-Gildas, mourut en 1142.

En définitive, si nous admettons pour un instant le fait de la destruction en 1194 de la grande église de Chartres, sur lequel l'exactitude de nos archives garde le silence le plus absolu, et qui n'est annoncé que par des écrivains étrangers à notre pays, nous voyons évidemment qu'il n'est pas possible d'en accorder la reconstruction, qui ne pouvait se terminer, d'après les documents de la première, qu'avec le XIIIe siècle, et permettre seulement à partir de cette époque qui commençait avec le XIVe, la confection de nos verrières peintes, dont la symétrie s'accorde si parfaitement avec les baies destinées à les recevoir, puisque ces verrières portent le cachet irrécusable de l'enfance de l'art de la peinture sur verre aux XIe et XIIe siècles, et qui, au XIVe, se faisait déjà remarquer par des améliorations et de grands succès. Aurait-on été exhumer de la tombe les premiers peintres verriers auxquels sont dus ceux que nous admirons aujourd'hui? Cette supposition sortant des bornes de la raison, nous terminerons ici une discussion dont tous les éléments se trouvent épuisés. Il restera donc démontré que les auteurs, tout graves qu'ils soient, qui ont annoncé la destruction de la cathédrale de Chartres dans un incendie arrivé en 1194, ont commis une double erreur de fait; d'une part, parce qu'il n'y eut pas de sinistre en cette année; de l'autre, parce que cette église est encore celle de Fulbert avec son ornementation du XIIe siècle. L'erreur grave commise par ces historiens, ne peut se comprendre et s'expliquer que par la confusion qu'ils ont faite de l'église dédiée à la Vierge avec celle du monastère de St.-Père, qui, détruite entièrement avec sa maison conventuelle dans l'incendie de 1154, se trouvait en pleine reconstruction en 1165, époque à laquelle ils vivaient, ils écrivaient. Cette question ne peut faire maintenant aucun doute.

Que résulte-t-il en définitive de cette dissertation ? c'est qu'il y a une erreur étrange dans l'énoncé des historiens que nous venons de citer, et que bien certainement ils n'ont rien vu de leurs propres yeux, ils ne se sont point assurés d'un fait dont une renommée mensongère est venue frapper leurs oreilles; à cette époque si éloignée, la correspondance était presque nulle et en partie toute orale. Puis, arrêtons-nous à celle du dernier sinistre; nous avons des milliers de journaux, tous plus inexacts les uns que les autres; comment ont-ils rendu compte des résultats de l'incendie de 1856? les uns détruisaient totalement notre basilique; d'autres, non moins ridicules et qui disaient l'avoir vu de leurs propres yeux, faisaient imprimer sur leur parole (1), que sur

---

(1) Voir la *Gazette des Tribunaux* des lundi 6 et mardi 7 juin 1836, article incendie de la cathédrale de Chartres, dans lequel son auteur annonce gravement *que les populations voisines sont accourues de fort loin*. Ce passage est impayable. Voir également la seconde édition du même article, donnée, non sans quelque prétention, par le même auteur, à la *France départementale*, troisième année, sixième livraison, 10 juillet 1836. Le récit rapide, puisqu'il fut tracé le lendemain même du sinistre, le plus vrai est, sans contredit, celui adressé à la *Gazette de France* par M. le marquis de la Rochejaquelein. Il fait exception au bavardage semé dans les autres journaux.

le parvis, le métal et le plomb fondus coulaient comme l'eau sur le pavé par un jour de pluie d'orage ; et voilà pourtant comme de nos jours on écrit l'histoire ; tandis que le métal des cloches mis en fusion, resta prisonnier sur la voûte du clocher ; seulement deux morceaux des cloches et un battant furent projetés au dehors. Quant au plomb fondu, il coula naturellement dans les hottes de la grande voûte, où il forma des masses qui en furent extraites après l'extinction du feu. Si de nos jours on a osé écrire de pareilles niaiseries, pourquoi ne pardonnerions-nous pas l'erreur dans laquelle ont été induits des auteurs graves, qui, voulant transmettre à la postérité un grand sinistre dont on leur avait parlé avec plus que de la légèreté, se laissèrent facilement entraîner par les mouvements indiscrets de leur imagination toute poétique ?

Si nous abordons le 14e siècle, nous lisons (1) qu'en l'année 1395, la pointe du clocher vieux, bâti de pierres, dégradée par les injures du temps, fut démolie d'environ 20 pieds au-dessous de la pomme et reconstruite à neuf. L'année suivante on y ajouta des cercles de fer.

Le cinquième incendie de l'église de Chartres arriva le 26 juillet 1506, le jour de Ste. Anne, sur les 7 à 8 heures du soir (2). La foudre frappa et incendia la pointe du clocher en bois et couvert en plomb qui reposait sur la plate-forme carrée construite en pierres dures, et qui s'élève un peu au-dessus du niveau du comble de l'église, à gauche de la porte royale. Le feu, s'allumant dès le haut et descendant peu à peu, ne tarda pas à consumer la charpente entière de cette flèche. Les six cloches qu'elle renfermait furent fondues, et toute cette construction, jusqu'à la plate-forme de la tour, devint la proie des flammes. Le comble entier de l'édifice eût subi infailliblement le même désastre, si l'on n'eût coupé promptement huit chevrons de la couverture que le feu avait atteint, et dont il avait déjà

---

(1) Pintard.
(2) Souchet.

consumé douze ou quatorze fermes au-delà de l'espace compris entre les deux clochers.

Le feu continua de dévorer tout ce qu'il avait atteint, jusqu'au lendemain 27 vers midi, que, faute d'aliment, perdant graduellement de son intensité, il fut éteint par l'efficacité des secours rapides ordonnés et dirigés par messieurs du chapitre, grandement secondés par le zèle et l'activité des habitants, sur pied toute la nuit et partie du lendemain.

La violence du feu fut si grande, qu'il calcina, torréfia la plate-forme et toute la partie intérieure de cette tour jusqu'à la première voûte, qui était alors la seule qui fermât le clocher au-dessus de l'entrée des cryptes. Les murs de cette partie, qui fut réparée intérieurement, portent encore des traces frappantes de ce sinistre. On les renforça de contre-forts et doubla de murailles sur lesquelles reposent les deux voûtes intermédiaires, au-dessus desquelles la sonnerie est établie. Un travail semblable exécuté dans le clocher vieux pour le conforter à la même hauteur, cachait également les traces du même sinistre qui en détruisit probablement sa vieille charpente. La désolation fut à son comble. On redoutait un embrasement général et on sauvait du temple les objets précieux qu'il renfermait; la sainte châsse, les reliques, le grand crucifix en vermeil du poids de 80 marcs, placé sur le jubé, en face de la nef, et que l'on avait descendu, furent mis à l'abri de tout danger.

Au moment où cette calamité vint accabler la ville et le diocèse de Chartres, René d'Illiers, qui en occupait le siége, se trouvait absent : son retour fut aussi prompt que le danger avait été grand. Convaincu que toutes les précautions humaines auraient été insuffisantes pour préserver de l'embrasement le reste de l'église, dont la conservation ne pouvait être due qu'à une divine protection, le chapitre, voulant en rendre grâces à Dieu, ordonna le samedi 1er août, que le lendemain il serait fait à l'église de St.-Père une procession générale, où la sainte châsse serait portée par l'évêque et par les dignitaires et chanoines de la cathédrale.

Louis XII, sur une requête qui lui fut présentée par M. de

Mainterne, chancelier de l'église, donna, par lettres patentes signées à Blois en 1506, la somme de 2,000 livres à prendre sur les tailles en cinq années, à raison de 400 livres par an, pour la reconstruction en pierres de cette pyramide.

L'évêque René d'Illiers fit commencer de suite la reconstruction de cette partie de son église, et donna en mourant une somme considérable d'or et d'argent consacrée à cet objet ; il termina ses jours le 6 du mois d'août 1507, et fut enterré dans le chœur de l'église de St.-Cheron.

La reconstruction de ce clocher en pierre tendre de St.-Leu, fut confiée à *Jean Texier* dit *de Beausse*, habile architecte, qui en posa la première pierre le 24 mars 1507, et termina ce bel ouvrage en 1514. Il donna à cette pyramide en pierre plus d'élévation que n'en avait la première, et lui imprima, par la hardiesse gracieuse de sa forme, un caractère de légèreté qui la rend admirable. Jean de Beausse traça son nom et l'époque de son œuvre, sur un listel dans sa belle ornementation de la face du nord-ouest ; il gagnait par jour sept sous six deniers, et ses compagnons cinq sous.

En 1510, sous l'épiscopat d'Evrard de la Marc, fut fondu le premier et le plus gros bourdon, qui portait le nom de *Marie*.

En l'an 1514, Jean de Beausse commença la reconstruction du tour du chœur, où sont sculptés admirablement toutes les situations de la vie de Jésus-Christ et de sa mère ; les figures des premières niches du côté de la sacristie sont dues à son habile ciseau dont elles portent le véritable caractère. Toutes les *modernes* de cette architecture légère furent terminées en 1539(1). Sa journée pour cette partie, fut fixée à 7 sous 6 deniers ; ses ouvriers étaient payés 5 sous. Ce travail si précieux fut continué par *Thibault Boudin*, vers 1612, et parachevé par d'autres sculpteurs qui y travaillèrent encore en 1706.

Pour consacrer la mémoire d'un événement aussi important, on incrusta dans le mur de la chambre de la sonnerie, une

---

(1) Ce millésime est gravé sur un des cartouches.

pierre qui s'y voit encore, et sur laquelle on lit les vers suivants :

>Je fu jadis de plomb et bois construict,
>Grand, haut et beau, de somptueux ouvrage,
>Jusqu'à ce que tonnerre et orage
>M'ha consommé, dégasté et destruict.
>
>Le jour sainte Anne, vers six heures de nuict,
>En l'an compté mil cinq cent et six ;
>Je fu bruslé, démoli et recuit,
>Et avec moi de grosses cloches six.
>
>Après messieurs en plein chapitre assis,
>Ont ordonné de pierre me refaire,
>A grandes voûtes et piliers bien massifs,
>Par Jean de Beaulse ouvrier qui le seut faire.
>
>L'an dessus dict, après pour me refaire,
>Firent asseoir le vingt-quatriesme jour
>Du mois de mars, pour le premier affaire,
>Première pierre et autre sans séjour.
>
>En apuril, huictiesme iour exprès
>René d'Illiers, évesque de renom,
>Perdit la vie, au lieu duquel après
>Fut Erard mis par postulation.
>
>En ce temps-là qu'avais nécessité
>Avait des gens qui pour moi lors veilloient :
>Du bon du cœur, fust hiver ou esté,
>Dieu leur pardoint car pour lui travailloient.
>   1508.

Ce clocher qui contenait six cloches, percé, sur deux étages, de seize croisées au-dessus de la voûte inférieure de la chambre de la sonnerie, comprend au-dessus de ce grand vide, une lanterne ou *échanguette* (1) destinée à recevoir le timbre de l'horloge ou *cloche du guet*, qui y fut placée en 1520, époque de la

---

(1) Guérite.

construction du petit bâtiment de l'horloge, qui s'élève au pied du même clocher. L'ancienne cloche du timbre fut extraite du petit clocher de *la grue*, au centre de la croisée, puis cassée, rechargée et refondue le 25 septembre 1520. Son poids actuel est de 10 milliers. En l'érigeant ainsi sur un point plus élevé, elle offrit plus d'avantages au service des deux guetteurs qui y sont toujours entretenus.

Un quart de siècle venait à peine de s'écouler, que déjà la veille de St. Pierre, l'an 1539, il se trouva atteint par la foudre, sans toutefois lui causer un grave dommage; seulement la croix, haute de 15 ou 16 pieds, revêtue de lames de cuivre doré ainsi que la pomme, devinrent noires comme du charbon. La croix fut descendue pour la dorer de nouveau, et sa hauteur réduite à moitié. La pomme qui lui sert de base, fixée au clocher au moyen de gros crampons, ne pouvant être descendue, fut redorée à neuf sur place (1).

Le 29 décembre 1529, mourut Jean Texier dit de Beausse, qui fut inhumé aux dépens du chapitre, dans l'église de St.-André. Mais ses ouvriers, qui continuèrent la clôture du chœur jusqu'en 1559, y ayant pratiqué, dans le sanctuaire, une petite chambre du côté de l'évangile, pour recevoir la sainte châsse qui, jusque là, avait été renfermée sous le dossier du grand autel, cette précieuse relique fut renfermée dès-lors dans le tabernacle qui lui avait été ainsi préparé. Elle y resta déposée jusqu'en 1608, époque à laquelle Marie de Médicis, femme d'Henri IV, fit construire à ses frais un dôme en bois doré, destiné au même objet, et qui fut placé au côté droit de l'autel ; il coûta 1,100 livres. Cet ouvrage, confié à un nommé Toussaint, de St.-Jean de Chartres, menuisier à Paris, fut achevé de dorer le 17 mai 1611.

Le dernier jour d'octobre 1624, la même reine, venue en dévotion à Chartres, donna à la cathédrale une lampe d'or du plus riche travail et d'une valeur de 20,000 livres, pour être sus-

---

(1) Extrait du journal de Jean Bouvart, huissier royal à Chartres.

pendue en face du dôme dû à sa munificence. Cet objet précieux fut volé en 1690 par un orfèvre de Chartres, qui fut condamné à être pendu.

Le mardi 15 juin 1573, le tonnerre tomba, vers les 4 heures du soir, sur le clocher neuf, dans lequel il pénétra et séjourna quelques instants, puis en sortit avec un bruit épouvantable, n'y laissant qu'une fumée épaisse sans causer aucun dommage.

Le sixième incendie se manifesta le jeudi 15 novembre 1674 : le feu prit dans la chambre des guetteurs au clocher neuf, par l'imprudence de l'un d'eux, nommé Jeandrin ou Gendrin, qui, s'amusant à lire dans son lit, laissa tomber sa chandelle allumée sur sa paillasse, qui s'enflamma et incendia l'intérieur de cette chambre, garnie de quelques meubles en bois. Le danger était d'autant plus grand, qu'il était difficile d'aborder le siége du feu par un escalier étroit et rempli de fumée, et déjà la charpente du beffroi de l'horloge commençait à brûler, quand arrivèrent les secours provoqués par les deux malheureux guetteurs, qui étaient allés prévenir les deux marguilliers qui couchaient à l'intérieur de l'église.

Un ouvrier couvreur plus intrépide que les autres, Claude Gauthier, dit Lachaume, pénétra dans cette chambre malgré la fumée, en brisant avec son marteau la porte à moitié brûlée. Une fois entré, armé d'une échelle de corde, après s'être fait jour avec une hardiesse inouïe, il fournit à ceux qui s'étaient portés à la galerie extérieure, en forme de couronne, les moyens de lui donner de l'eau, avec laquelle, après deux heures de travail, il parvint à se rendre maître du feu qui, sans lui, aurait causé le plus horrible dégât en se communiquant à la charpente de la sonnerie, puis à celle de l'église, qu'il sauva ainsi d'un grand désastre auquel elle ne pouvait échapper.

Le chapitre, tant pour conserver la mémoire de cet événement que pour exciter la vigilance et le soin des guetteurs, fit placer dans la chambre de ces derniers une inscription gravée sur une pierre fixée au mur :

Ob vindicatam singulari Dei munere

Et a flammis illæsam hanc pyramidem;
Anno 1674, 15 decembris per incuriam
Vigilium, hic excitato ac satim extincto incendio
Tanti beneficii memores solemni pompa,
Gratiis Deo prius per solutis Decanus
Et capitulum Carnotense hoc posteritati
Monumentum posuere.

Le chapitre fait réparer, en 1680, *les pointes des deux clochers.*

1° Celle du clocher vieux endommagée depuis cent ans et plus.

La pointe du clocher vieux, tant de fois frappée par la foudre, se trouvait dans un état alarmant de dégradation, et menaçait ruine, tant par la destruction des pierres brisées qui la forçaient à s'incliner, que par la grande fissure pratiquée depuis des siècles dans la hauteur du cône.

Le 11 juillet 1680, par ordre du chapitre, le nommé Mathurin Bernier, plombier et couvreur de l'œuvre, en fit la visite au moyen de la corde à nœuds attachée à la croix; il constata scrupuleusement le dégât et indiqua les moyens de réparation.

Après avoir bien examiné son rapport, on chercha des gens pour exécuter les travaux qu'il comprenait. Le maçon de l'œuvre, nommé maître Simon, se faisant un point d'honneur de ne pas laisser passer l'ouvrage en d'autres mains que les siennes, dit qu'il en viendrait bien à bout; mais, soit qu'il ne fût pas accoutumé de travailler à une telle élévation, et qu'il se trouvât saisi de frayeur en mesurant des yeux la profondeur de l'abîme au-dessus duquel il se vit suspendu; soit enfin que l'attaque subite de quelqu'infirmité l'ait frappé instantanément lorsqu'il posa le pied sur son échafaud, il éprouva un si grand tremblement dans tout son corps à l'instant où il sortit par la lucarne percée au-dessous de la pomme, qu'il fut contraint de se retirer. Il fallut le descendre pour le mettre au lit, d'où il ne se releva pas.

Dans ces entrefaites, le couvreur Bernier, homme hardi et autant habile dans la maçonnerie que dans la plomberie, se présenta et offrit de remettre cette pointe dans son premier état. Sa proposition fut acceptée, et le chapitre lui fournit toutes les choses nécessaires à cet effet.

Toutes les pierres de réparation furent montées à l'intérieur du cône et passées par la lucarne; on arrêta les cordons avec les crampons et des arcs de fer, les scellements furent faits en plomb.

Ce bel et dangereux ouvrage fut exécuté si exactement et avec tant de célérité, sous la surveillance de MM. les commis à l'œuvre qui le visitaient souvent, qu'il n'exigea que vingt-sept jours d'un travail peu coûteux : tandis que, vingt ans auparavant, des entrepreneurs de Paris, venus exprès, avaient demandé vingt mille livres pour s'en charger.

Ensuite on enleva les crampons qui existaient le long de la pyramide au-dessous de la lucarne, et l'on ne laissa subsister que ceux qui se trouvent au-dessus et scellés sur les branches de fer qui descendent de la pomme; ils sont au nombre de vingt-six.

2.º Réparation de la pointe du clocher neuf, en la même année 1680.

Pendant que l'on travaillait à la pointe du clocher vieux, les ouvriers s'aperçurent que la chappe de plomb qui enveloppait la pointe du clocher neuf, se laissait aller et ne tenait plus aux agrafes qui la fixaient. On en fit la visite après avoir terminé l'ouvrage du clocher vieux, et l'on reconnut qu'elle était sur le point de quitter, et que les soudures en ayant manqué, principalement du côté des grands vents, il était tombé entre elle et le clocher, de l'eau qui avait beaucoup gâté la pierre; ce qui obligea de faire une nouvelle chappe plus grande et sans soudure, ou bien très-légère, ou à bourrelets bien joints, bien rabattus et tournés. On trouva aussi que plusieurs pierres des cordons étaient éclatées et prêtes à tomber, on les arrêta avec des crampons et colliers.

Pour poser la nouvelle chappe de six pieds de hauteur et fort pesante, on établit à la pointe du clocher un échafaud en forme de hotte renversée. On rétablit en même temps les bras de la croix en resoudant les lames de cuivre dont ils étaient revêtus. On fit aussi un grand cercle de fer qui entoura le bas de la virole de la pomme, qui se trouva toute écartée, et dont quelques morceaux même étaient prêts à tomber. La verge de fer qui portait le croissant était tellement mangée de rouille, qu'il fallut la supprimer et la remplacer par une autre; mais au lieu de la surmonter du croissant, on réserva celui-ci pour le clocher vieux, qui n'avait plus de girouette depuis que le haut de sa croix avait été emporté par un coup de tonnerre.

On fit faire au moyen de deux plaques de cuivre embouties, du poids de cinquante-six livres, un soleil à double face, de cinq pieds de diamètre; il fut mis sur la verge qui le portait, au moyen d'une écoperche surmontée d'une poulie, et attachée à la croix qu'elle surpassait de 10 à 12 pieds. Le croissant que l'on fit dorer en même temps que le soleil, fut placé sur le clocher vieux au moyen d'une douille à queue, dans laquelle entra le bout de la croix cassée par la foudre.

Ce travail important fut exécuté par quatre ouvriers seulement, savoir : *Bernier, un compagnon, un manœuvre et un tailleur de pierres*. Bernier gagnait 20 sous par jour, son compagnon et le manœuvre 12 sous, et le tailleur de pierres 15 sous. Mais attendu qu'ils furent les uns et les autres fort actifs et n'appréhendèrent pas le péril, MM. les commis à l'œuvre leur donnèrent outre leur gages ordinaires, le double des journées qu'ils avaient employées dans ces opérations, autant dangereuses qu'habilement exécutées.

Depuis les grandes réparations faites en 1680 à la pointe des deux clochers, le chapitre n'avait cessé d'être alarmé par la crainte d'un incendie de l'église, par suite des orages violents dont les pyramides étaient continuellement frappées. Sa vive et juste sollicitude détermina MM. de l'œuvre à aviser aux moyens conservateurs les plus sûrs et les plus puissants. Un mécanicien hydraulique consulté, proposa le projet suivant, le 16 octobre 1685 :

1.º Il sera établi quatre réservoirs d'eau sur les quatre plate-formes des tours qui flanquent les deux extrémités des bras de la croisée au nord et au midi.

2.º Quatre réservoirs dans le vieux clocher.

3.º Sept réservoirs dans le clocher neuf.

4.º Cinq pompes pour élever l'eau dans les deux clochers, c'est-à-dire, dans le vieux clocher, une pour l'élever jusqu'à la charpente où sont les deux bourdons (le troisième n'ayant pas encore été fondu), et quatre autres pompes dans le clocher neuf pour l'élever jusqu'à l'horloge.

Premier réservoir sur la première plate-forme du côté du clocher neuf.

La dimension de ce réservoir sera de dix-neuf sur quinze pieds en largeur et de cinq pieds en profondeur, et comprendra soixante-six pieds de développement.

Seconde plate-forme du côté du clocher neuf.

Ce réservoir dont la dimension en largeur sera de dix-neuf sur seize pieds et cinq pieds de profondeur, produira soixante-neuf pieds et demi dans son développement.

Troisième plate-forme du côté du vieux clocher.

Le réservoir qui y sera établi aura dix-huit sur seize pieds, et produira un développement de soixante-trois pieds et demi.

Quatrième plate-forme du côté du vieux clocher.

Il y sera également établi un réservoir de dix-neuf pieds sur seize de largeur et cinq pieds de profondeur; son développement sera de soixante-cinq pieds.

La formation de ces quatre réservoirs en cuivre rouge, comprendra deux cent quarante tables d'une valeur totale de sept mille deux cent vingt livres.

La dépense des quatre réservoirs à établir dans le vieux clocher, comprenant cinquante-six tables de cuivre rouge, coûtera seize cent quatre-vingt livres.

Celle des sept réservoirs à établir dans le clocher neuf, de la même manière, exigera l'emploi de quatre-vingt-dix tables du même cuivre et exigera une dépense de deux mille cinq cent soixante livres.

La soudure de ces cuivres coûtera douze cents livres.

Les cinq corps de pompes en cuivre, aspirantes et foulantes à double corps avec leurs colliers ou liens en fonte, tuyaux en cuivre rouge de trois pouces de diamètre, robinets et becs, coûteront en somme deux mille livres.

La dépense totale sera de quatorze mille six cent soixante livres.

Le complément de l'exécution de ce projet exige l'ouverture de deux portes ou lucarnes joignant les encoignures des deux clochers; elles seront percées dans la couverture de l'église et auront pour objet, en cas d'incendie, de faciliter plus promptement les secours. En dedans de la charpente de l'église, une galerie avec une balustrade communiquera d'une porte à l'autre, afin d'aller plus facilement aux deux clochers.

Ce projet si salutaire était en discussion et devait être exécuté, lorsqu'un violent ouragan nécessita les nouvelles réparations qui furent faites aux deux pyramides en 1691.

Nouvelle réparation du clocher neuf en 1691.

Dix ans à peine s'étaient écoulés depuis les réparations importantes que nous venons de signaler, lorsque le 12 octobre 1690 un vent furieux mêlé de pluie, qui s'était élevé surtout dans la Beauce, ébranla si fort la pointe du clocher neuf, qu'il la fit courber à douze pieds au-dessous de la pomme; quelques pierres s'étant détachées, et la charge supérieure qui se trouvait alors en porte à faux perdant son centre de gravité, les joints d'assemblage s'entr'ouvrirent. Dans cet état de choses, le poids énorme du soleil qui surmontait la pointe entraînait nécessairement la chute du sommet de la flèche, sans la résistance que lui opposèrent et la tige de la croix de fer qui la traverse et l'échelle de fer dont elle est flanquée au dehors. On se hâta donc de la faire démolir pour prévenir ce danger imminent.

Ces travaux importants furent entrepris et commencés l'année suivante 1691, par Claude Augé, sculpteur lyonnais, qui rétablit en pierre de Vernon cette pyramide dont il augmenta la hauteur de quatre pieds. Pour donner plus de solidité à cet ouvrage, il reprit et reposa les assises de plus de vingt pieds au-dessous de la fracture, rebâtit à neuf le haut qu'il liaisonna par des pierres emboîtées les unes dans les autres à queue d'aronde, et fortifiées par des barres de fer qui traversent l'ouvrage d'espace en espace.

Le même Augé fit les moules et conduisit la fonte d'un vase en bronze qui remplace la pomme à six pans qui formait antérieurement la base de la croix du clocher. Ce vase, coulé en trois parties qui s'emboîtent avec une grande justesse et furent soudées ensemble, est garni extérieurement de serpents entrelacés : il porte cinq pieds et demi de hauteur sur deux et demi de diamètre. Il pèse neuf cent soixante-seize livres, compris le fer qui y est enfermé ; il est garni au-dedans d'une cage de gros barreaux de fer pour maintenir les huit barres qui serrent la pointe du clocher, puis traversant le vase, vont se lier par des crampons à l'arbre de la croix. Cet arbre est enté et scellé en plomb sur celui qui pénètre tout le plein de la pointe du clocher.

La croix, garnie à ses extrémités de trois pommes dorées, a huit pieds de hauteur sur cinq de largeur, et la verge qui portait le soleil servant de girouette, et réduit à quatre pieds de diamètre, afin de lui donner moins de prise aux vents, porte trois pieds et demi de hauteur.

Le vase et la croix, scellés en plomb, furent posés et le reste de l'ouvrage se trouva terminé le 8 août 1692. Ensuite le vase et les serpents enlacés qui l'entourent furent dorés à l'huile.

Sur la doucine de la gorge du vase on a tracé en caractère en relief l'inscription suivante :

» Olim lignea, tecta plumbo, decocta, tacta, deflagrata,
» anno 1506, ad sex pedes 62 opere lapideo educta statit ad
» annum 1690, quò curvata ventorum vi, ac penè dejecta,
» sed in sequenti anno 1691, pari mense, die propè pari 4,
» refecta jussu capituli, D. Henrico Goault, Decano, cura
» Roberti D. Salornay, canonici; arte Claudii Augé Lugdu-
» nensis conferente in sumptu mille libras, Philippo Goupil,
» Clerico fabricœ. Altum nubibus infert culmen, quod faxit
» Deus esse diuturnum ».

L'échafaud construit pour cette pointe du clocher était à neuf étages et avait de hauteur plus de cinquante pieds. Il était composé de chevrons et de soliveaux enclavés les uns dans les autres et arrêtés avec des chevilles de fer. Son assemblage était si juste et si solide qu'il n'éprouva aucun effort sous la charge de 10 à 11 milliers qu'il subit tout-à-la-fois par le poids des démolitions et des pierres neuves dont il fut chargé pendant le cours de cette reconstruction.

La belle facture de cette cage aérienne qui dans sa hardiesse embrassait tout le contour de la flèche, avec tant de solidité et à une telle hauteur, excita l'admiration autant que la surprise des contemporains.

La démolition de la pointe de ce clocher dévoila un phénomène minéralogique singulier, curieux et intéressant, dans plusieurs morceaux de *rouille épaisse*, ou *croûte ferrugineuse*, que l'on trouva dans l'intérieur de la maçonnerie qui enveloppait la tige de fer de la croix, dans l'interstice qui la séparait de la pierre de Saint-Leu qui la couvrait. Cette substance, produit d'un amalgame de partie d'oxide de fer et de sels émanés d'une dissolution de la pierre, et avec lesquels il fut mis en contact, en fermentation par le séjour prolongé des eaux pluviales infiltrées, s'était ainsi formée par la succession du temps qui lui avait donné toutes les qualités de l'aimant le plus parfait et le plus fort que l'on pourrait extraire des minières.

Cette découverte précieuse pour les sciences physiques est due aux savantes observations d'un M. *Cassegrain*, *chirurgien à Chartres*, qui, se trouvant au haut du clocher avec l'entrepreneur des travaux, recueillit certains morceaux de cette *rouille* dont la barre de fer était cernée, et en partie adhérents encore à des pierres. Il reconnut qu'ils avaient la nature, la couleur, le poids et la vertu de l'aimant, spécialement, surtout, quant à ceux qui séjournaient au nord; les autres parties trouvées à l'exposition des autres points de l'horizon se trouvant privées presqu'entièrement de cette propriété.

Le bruit de cet événement s'étant répandu, M. Pintard, échevin de la ville de Chartres, s'en procura quelques morceaux qu'il envoya à Paris, dès le 19 juillet 1691, à M. Félibien-des-Avaux, qui s'empressa de les soumettre à l'examen de MM. de l'académie royale des sciences. Là, ils devinrent l'objet d'une étude particulière, tant sous le rapport de l'analyse que sous celui de comparaison des propriétés de cette substance métallique avec celles reconnues dans le meilleur aimant de minières, et l'expérience démontra, par ses résultats, qu'elle en réunissait toutes les qualités et toute la force. La description en fut consignée dans les registres de l'académie, qui chargea M. Lahire d'en faire insérer un extrait dans le Journal des Savants, où il se trouve compris sous la date du 5 décembre 1691.

M. l'abbé de Vallemont, prêtre et docteur en théologie, homme distingué dans les sciences physiques, s'étant emparé de cette question importante, donna, dans le temps, un traité intéressant sur la formation et la nature de l'aimant trouvé à la pointe du clocher neuf de Notre-Dame de Chartres, et fit connaître que l'exemple de cette transmutation d'un métal, tel que le fer, en une véritable pierre d'aimant, sur le sommet des édifices élevés et exposés à la fureur des tempêtes et des orages, n'était pas nouveau et spécial pour les pyramides chartraines; puisque Philippe Costa, de Mantoue, témoigne le premier qu'un M. Jules César, chirurgien, examinant une barre de fer soutenant depuis long-temps un ornement en brique, au haut du clocher des Augustins de cette ville, et qui avait été courbée par la violence du vent et remise ensuite à un forgeron chargé de la redresser, reconnut qu'elle ressemblait à de l'aimant et qu'elle attirait le fer ; enfin, que le célèbre Gassendi parle d'un aimant semblable, et découvert de la même manière au pied de la croix de fer du clocher d'Aix, frappée et abattue par la foudre en 1654. La partie inférieure de cette croix, scellée dans la pierre, se trouva enveloppée d'une couche de rouille ou croûte ferrugineuse qui attirait le fer, comme fait le meilleur aimant.

Ainsi donc, trois faits incontestables concourent à démontrer ce phénomène aérien, cette métamorphose du fer en pierre d'aimant, la première par son contact avec la brique, et les deux dernières par ses affinités avec la pierre, déterminées par le secours et le séjour prolongé des eaux pluviales. Enfin, on ne peut s'empêcher de remarquer que la première et la dernière de ces trois découvertes faites à la suite des orages violents, sont dues à de savants chirurgiens.

Nous pénétrons dans le milieu du 18.ᵉ siècle, époque si funeste aux beaux-arts arrivés à l'apogée de la décadence pour se régénérer plus tard sous les auspices des Julien et des Moitte, véritables restaurateurs de l'art statuaire en France.

Le chapitre de Notre-Dame, entraîné par le faux goût qui dominait alors, décide que le magnifique jubé dont Saint Yves avait si noblement enrichi l'église de Chartres à la fin du 11ᵉ siècle, sera démoli, sous le prétexte apparent de vétusté, pour être remplacé par une grille.

Pour éviter les entraves et l'opposition qu'il redoutait de la part des anciens chanoines qui voulaient sa conservation, on fait secrètement un forfait avec un entrepreneur (M. Morin), qui se chargea de faire exécuter, dans 10 heures de nuit, cette œuvre si honteuse pour ceux qui l'ordonnaient. L'opération commence le 25 avril 1763, à 10 heures du soir, et le lendemain, à 5 heures du matin, cet ouvrage admirable avait disparu entièrement sous le marteau des démolisseurs qui n'avaient pas laissé pierre sur pierre. Les grandes voûtes des cryptes en recélèrent les pénibles débris qui plus tard furent employés en remblai et en pavage du sol même qu'il avait décoré pendant 664 ans. La brèche est faite, l'ignorance envahit le chœur et sans respect pour le Saint des saints, des stucateurs y brisent sans respect cette précieuse harmonie de notre vieille gloire gothique, qui se trouve deshéritée en 1766 de cet ensemble si pur et si parfait que nous avait légué la piété de nos pères. Heureusement que pour fasciner les yeux sur cette pitoyable mutilation, l'académicien Bridan vint poser, en 1775, ce beau groupe de marbre, chef-d'œuvre de majesté, qu'il éleva en l'honneur de la mère de Dieu, et dont l'effet si grandiose dans cette admirable basilique console sur les défauts que les beaux-arts peuvent reprocher au statuaire. Nous ne parlerons pas des huit bas-reliefs en marbre qu'il y fit sculpter par des artistes qu'il avait amenés de Carrare, où il passa près de deux ans, pour faire son choix et ébaucher les blocs dont tout cet ensemble se compose. Ces bas-reliefs ont toujours été reconnus comme un ouvrage de mauvais goût et un objet manqué.

Nous avons pris le monument à son origine, en traçant l'historique des phases du développement des richesses dont la munificence des souverains et la piété des peuples se sont empressés de le doter ; nous avons jalonné à travers les siècles traversés par son existence, les époques funestes des divers sinistres qu'il dut aux guerres qui déchirèrent les empires et aux orages qui frappent indistinctement tout ce qu'ils rencontrent sur leur route calamiteuse.

Jusque-là, ce chef-d'œuvre des arts n'avait rencontré dans ses jours de malheurs que des sympathies, des regrets amers et des vœux unanimes pour conjurer l'infortune qui le menaçait de la destruction. Maintenant que nous abordons la fin du 18.ᶜ siècle, la scène va changer entièrement de face sous l'influence des orages politiques qui firent peser tout-à-coup sur l'empire français un esprit de vertige effrayant, et semèrent la désolation sur toutes ses belles contrées appauvries spontanément d'une grande partie des monuments qui firent long-temps l'honneur et la gloire du moyen âge.

Une révolution dont les élémens se préparaient depuis plus d'un demi siècle, éclata en 1789. Son char funèbre, en parcourant dans tous les sens le sol monumental de la France, pendant cette époque si célèbre par les choses étonnantes qu'elle a produites en tous genres, brise et fait disparaître dans sa course brutale des chefs-d'œuvre d'arts et de sciences dont l'histoire a le droit de revendiquer, et de consulter aujourd'hui les nombreux et affligeants débris.

L'idée heureuse et grande qui avait déterminé la conception de notre cathédrale; l'enthousiasme universel qui avait présidé et coopéré si noblement à la création de cette merveille des arts, se trouvèrent en un instant effacés de l'âme de quelques chartrains dominés par un esprit de fanatisme inconcevable. Le sentiment de sa religieuse conservation qui, pendant près de huit siècles, ne s'était jamais démenti un seul moment, se trouva bientôt remplacé par l'acharnement de la plus odieuse mutilation. Ainsi donc quelques descendants de ses protecteurs si zélés, et à qui la garde en restait confiée, faisant tout-à-coup une abnégation honteuse des devoirs sacrés que la reconnaissance envers leurs auteurs leur avait si largement imposés, ne rougirent pas de se transformer en vandales, et le marteau déshonora ce chef-d'œuvre gothique dont ils avaient bassement voté la destruction.

La détresse du trésor public qui réclame des secours, la loi du 6 août 1793 qui ordonne la disparition des marques de la royauté, la suppression des cloches, l'enlèvement des plombs et fers pour les besoins de la guerre, faussement interprétés par l'ignorance, deviennent l'aliment de la dévastation. L'aveuglement est à son comble, une souscription de 100 livres déposée à la caisse de bienfaisance, obtient le droit avilissant de briser la statuaire admirable de nos portiques. Aux premiers coups dont le retentissement afflige l'âme des amis des arts et fait vibrer péniblement les cœurs généreux, apparaît tout-à-coup un génie protecteur dont l'ascendant en impose au misérable qui venait de les porter et paralyse spontanément sa main coupable; le conventionnel Sergent-Marceau, dont le courage étonnant conjure cet orage destructeur et résout avec une habileté indicible cet heureux problème de la conservation de ce bel édifice. Grâces lui soient rendues !

La part des circonstances était impérieuse, et il était devenu impossible de s'y soustraire sans courir le danger le plus imminent.

Dans ces entrefaites, les événements se précipitent, les châsses sont ouvertes, les reliquaires brisés et dépouillés de leurs joyaux, riches présents dus à la piété des fidèles, réunis aux vases en tout genre et aux meubles en matière d'or et d'argent, sont déposés à l'Hôtel des Monnaies qui déjà avait reçu du département, le 19 août 1790, tant en argenterie dorée qu'en argenterie blanche, 631 marcs 7 onces 5 gros et demi, plus, 65 cloches supprimées et les cuivres. A la fin de 1795 on brise toute la belle sonnerie de Notre-Dame.

L'année suivante 1794, par ordre du comité des travaux publics, la grande nef de la cathédrale jusqu'au chœur est découverte de son manteau de plomb. Ces énormes débris fournirent un poids de . . . . 458,164 liv.

Le 10 juillet 1794, des ordres pressants et réitérés font déposer à Paris dans l'hôtel Maupon, rue de l'Université, sur le poids ci-dessus, une quantité de plomb de 575,692

Le surplus, montant à 52,472
resta en dépôt dans les magasins de l'église.

Cette partie de l'édifice, ainsi exposée aux injures du temps, ne tarda pas à se ressentir des effets désastreux de sa situation. Pendant deux années cette charpente admirable resta exposée aux intempéries qui contribuèrent beaucoup à en altérer la solidité ; les chappes en ciment qui couvraient la surface des voûtes se gercèrent de toutes parts. De nombreuses fissures se pratiquèrent. Les infiltrations des eaux pluviales altérèrent les mortiers des joints des voussoirs et de la maçonnerie, et la grande nef faisant eau de toutes parts n'offrait plus que l'aspect déchirant d'un colosse qui menaçait de s'écrouler sur sa base.

Tel était l'état de dégradation de ce monument, lorsque le 29 août 1796, le conseil municipal de la ville de Chartres, entraîné par le sentiment de ses devoirs autant que par les vœux fortement prononcés de l'universalité de ses concitoyens, sur le rapport de la commission chargée de veiller spécialement à la conservation de ce monument, arrêta à l'unanimité que MM. Dutillet, membre de l'administration, et Masson, ancien maire, se rendraient sur-le-champ à Paris, soit auprès du directoire exécutif, soit auprès du ministre de l'intérieur, à l'effet de solliciter les moyens de faire couvrir, dans le plus bref délai, la charpente de la cathédrale. Cette mesure urgente, d'un si haut intérêt, approuvée dans le même jour par l'administration départementale, mit les délégués que nous venons de signaler, en état de partir aussitôt. Leur mission fut couronnée d'un succès complet et, à leur prompt retour, un nouveau manteau de plomb vint bientôt affranchir ce beau vaisseau du dépérissement dont il était si violemment menacé.

Ce fut ainsi que l'église de Notre-Dame, à la suite des tempêtes qui l'avaient si indignement outragée et dont nous venons d'esquisser le tableau, se trouva rendue à son état primitif de conservation. MM. Masson, Dauphinot, Barrier, Dutemple de Rougemont, Legault, Dabit, Lesage, Montéage, Lafoy, Duchesne, etc., dirigèrent cette œuvre honorable avec un zèle et une activité dignes des plus grands éloges et de la reconnaissance de leurs concitoyens.

Pendant que l'on s'occupait de la couverture, les réparations à l'intérieur marchaient avec la plus louable activité. Les chapelles détruites furent rétablies; le chœur et le sanctuaire furent promptement rendus à l'état de cette dignité religieuse dont ils avaient été spoliés; trois cloches, destinées à annoncer les offices et dues à de pieuses libéralités, ne tardèrent pas à faire cesser le veuvage de la grande pyramide.

Un si noble exemple du zèle et de la générosité des habitants de la ville de Chartres, ne pouvait rester inaperçu et demeurer stérile sous un gouvernement réparateur empressé des calamités qui l'avaient précédé. L'Etat, sous la protection immédiate duquel se trouvaient placés tous les monuments de la France, ne tarda pas à étendre sa sollicitude paternelle sur tous ceux qui avaient souffert, et dont les plaies profondes méritaient son attention, étaient dignes de tout son intérêt. Les conseils généraux des départements se firent un devoir de déposer aux pieds du trône leurs votes bienveillants en faveur des édifices religieux, déshonorés et menacés de la destruction par suite de leurs nombreuses dégradations. Celui du département d'Eure-et-Loir ne fut pas le dernier à faire entendre sa voix, en réclamant des secours pour la cathédrale de Chartres. Il fut compris, et le conseil des bâtiments civils devint chargé d'explorer, dans toutes ses parties, ce temple antique, et de présenter son travail sur les réparations indispensables que son état exigeait. Une première allocation de fonds avait permis de faire exécuter des travaux d'une urgence reconnue, lorsque peu d'années après il fut frappé du grand sinistre que lui réservait le XIXe siècle.

Avant d'aborder le théâtre de l'incendie qui dévora dans quelques heures sa belle toiture, il nous semble nécessaire d'exposer quelques considérations préliminaires du plus haut intérêt dans cette grave circonstance.

Au moment où l'église de Notre-Dame fut frappée de cette grande calamité, qui pouvait entraîner la destruction subite et instantanée de la ville entière, un grand nombre de voix, quelques journaux même, ont lancé le cri d'imprévoyance coupable contre ceux qui se trouvaient chargés de veiller à sa conservation. Il est donc de notre devoir d'établir ici la justification complète de cette administration, si légèrement et si injustement accusée, et de démontrer, par des actes authentiques, qu'elle avait entièrement compris son honorable mission, et qu'elle avait fait tous ses efforts pour établir les moyens les plus prompts et les plus naturels de maîtriser et arrêter dans son principe tout incendie accidentel qui pouvait frapper ce grand édifice. Mais, chose inconcevable, elle eut la douleur de rencontrer une opposition funeste à l'exécution de ses sages conceptions, dans l'autorité supérieure, chargée d'examiner, de discuter et de sanctionner les actes importants qu'elle se proposait de commettre.

Le 28 novembre 1828, M. le préfet d'Eure-et-Loir adressa à M. le ministre des affaires ecclésiastiques, un rapport fourni par M. Damars, architecte-voyer de la ville de Chartres et du département, et à la suite de ce rapport, M. le préfet transmet à son excellence, le devis dressé par le même M. Damars, ayant pour objet l'établissement indispensable de *deux réservoirs d'eau sur deux des plate-formes des quatre tours carrées qui flanquent les portiques du midi et du nord* (1), afin d'y conserver une partie des eaux pluviales, et de pouvoir les utiliser en cas d'incendie.

Vers le mois de juin 1829, le conseil des bâtiments, en possession de cette question importante, charge M. Gourlier d'inspecter le monument qui en était l'objet. Ce savant architecte remplit cette belle mission avec tout le talent qui le distingue et la conscience de l'homme de bien. L'urgence autant que la possibilité des réservoirs demandés ne peuvent échapper à sa raison ainsi qu'à ses lumières, et il s'empresse de fixer l'attention particulière du conseil sur cet objet d'un intérêt si majeur. Son rapport du 28 novembre 1829 en porte le cachet irrécusable, et M. le ministre y donne son honorable sanction. Mais l'aréopage, frappé d'un esprit de vertige inconcevable, lui oppose une série d'objections plus curieuses les unes que les autres par la faiblesse de leur portée et le cachet de leur incurie. Il y a, disent les doctes, dans la conception du projet et la présentation des moyens, d'abord de l'inutilité; la crainte d'un incendie n'est pas présumable et ne peut être à redouter à une telle élévation, et les gelées des hivers rendront les bassins inutiles et sans objet; ensuite les plus grandes difficultés dans l'exécution. Cependant

---

(1) C'était une partie de l'exécution de l'ancien projet dont le chapitre s'était occupé en 1683, ainsi que nous l'avons fait connaître page 280; il était resté oublié et enfoui dans les archives où nous l'avons retrouvé, et M. Damars l'ignorait entièrement.

ces MM. savent, à n'en pas douter, qu'il existe sur la plate-forme qui règne entre les deux tours de Notre-Dame de Paris, et cela depuis peut-être plus de deux siècles, *deux grands bassins toujours pleins d'eau*, et soigneusement entretenus pour parer aux sinistres imprévus. Ces bassins sont à ciel ouvert. Enfin, les grands théâtres de la capitale ne sont-ils pas surmontés par de vastes bassins également remplis d'eau pendant l'hiver comme pendant le cours des étés ? Pourquoi donc la cathédrale de Chartres serait-elle privée de ce grand bienfait ?... Un honteux *veto* est la réponse du grand conseil... Ainsi le constate son rapport de sinistre mémoire, arrêté le 28 novembre 1829 : il est signé Gisors et Gourlier secrétaire.

Ainsi donc l'administration locale, condamnée à s'incliner devant le décret de l'aréopage, se trouve péniblement réduite à détruire le premier bassin qu'elle s'était crue en droit d'établir, et dont elle avait fait les frais avec la plus louable sécurité (1). Abordons maintenant les conséquences ; *un million* va tomber à la charge de l'Etat...

Hé bien ! arbitres suprêmes, mais passagers de la surveillance des grandes destinées de nos monuments publics, créés pour traverser une longue série de siècles, voyez aujourd'hui quelle immense responsabilité vous assumez sur vos têtes ! le présent qui vous accuse a prononcé entre la sagesse de nos prévisions et la légèreté de vos arrêts. La leçon est terrible, car la justification de notre administration est proclamée par un sinistre épouvantable. Le verdict qui vous frappe est tracé en caractères de feu. Vous êtes arrivés enfin à subir l'épreuve du plus pénible repentir et nous avons hâte de vous abandonner. Les moments sont pressants : le soleil du 4 juin 1856 éclaire pour la

---

(1) Ce bassin établi sur la plate-forme occupée aujourd'hui par la petite cloche qui annonce les offices depuis la perte de la grande sonnerie, se trouvait à une bien faible distance du point où le feu s'est manifesté ; il était plus que suffisant pour l'éteindre dans son principe.

dernière fois ce toit antique respecté par sept siècles. Le tambour bat la générale... l'airain sonne l'alarme...

Unda ! Unda ! Unda ! Unda ! Unda ! Unda ! Unda ! accurrite cives ! (1)
De l'eau ! de l'eau ! de l'eau ! accourez citoyens !...
Le feu est à la cathédrale !....

A ce tintement lugubre et précipité, à ce cri effrayant parti du beffroi, et qui frappe de stupeur la ville de Chartres à 6 heures vingt minutes du soir, de tous les côtés on lance des regards avides et inquiets sur cette vieille gloire de l'architecture gothique, l'amour de nos aïeux, l'admiration des siècles, l'orgueil de la France chrétienne. Il est impossible de peindre ce moment d'effroi dont la ville fut accablée, avec toute la rapidité de la foudre, en voyant s'échapper de la couverture les premiers jets de fumée qui ne tardent pas à envelopper l'apsyde. Une terreur poignante s'empare des esprits : les larmes coulent des yeux, les cris se font entendre, les habitants voisins de l'édifice fuient emportant de leurs maisons les effets les plus précieux. Les progrès du sinistre sont tellement rapides qu'en moins de dix minutes des tourbillons d'une fumée épaisse, à la teinte jaunâtre, sulphureuse et plombée obscurcit l'atmosphère. Vingt minutes suffisent à peine pour que le comble entier soit envahi par les flammes qui doivent le dévorer, et toute la surface de l'édifice n'offre plus que l'aspect horrible d'une éruption volcanique. Chacun croit alors que dans quelques heures cette magnifique basilique ne présentera plus qu'un monceau de ruines; que ces beaux clochers, chefs-d'œuvre de l'art, qui depuis tant de siècles s'élancent si noblement à une hauteur prodigieuse,

---

(1) Ce vers imitatif du tocsin est attribué à Jean de Santeuil, le plus illustre peut-être de tous ceux qui en France ont cultivé la poésie latine. Il naquit à Paris le 12 mai 1630. Il fit ses premières études au collége de Sainte-Barbe et les termina à celui de Louis-le-Grand, sous le père Cossart.

vont anéantir par leur chute, et couvrir de leurs immenses débris les habitations qui sont dans leur voisinage. Chacun regarde comme une conséquence inévitable de cet épouvantable fléau, la destruction entière de la ville, malgré toute la résistance qu'on pourrait lui opposer.

Tels furent l'horrible tableau, les craintes d'une bien profonde infortune, et la déchirante impression dont les esprits furent accablés pendant les premiers effets et la plus grande intensité du feu.

PREMIÈRE PÉRIODE.

De 3 heures et demie à 6 heures 20 minutes du soir.

Quæque ipse miserrima vidi.
(Virgile).

ORIGINE DE L'INCENDIE.

Dans la matinée de ce jour néfaste, des plombiers occupés de réparer les avaries causées par la violence du vent à la toiture de la cathédrale, avaient fait quelques soudures à la noue N O du transept, ou bras de la croisée joignant l'apsyde au grand comble de la nef. Cette opération avait nécessité la présence d'un cagnard rempli de charbon allumé et déposé sur les dalles en pierres de la galerie supérieure (large d'un mètre) au pied de cette noue.

Il est nécessaire d'observer ici que les nappes de plomb qui recouvraient extérieurement la charpente, en dépassaient de quelques pouces la base à deux pieds au-dessus de la galerie. Le vide qu'offrait, dans le pourtour de la couverture, cette lèvre béante formée par le prolongement des plombs, livrait, en contre-bas, un passage continuel au vent qui, pénétrant dans l'intérieur par cette issue, était par son activité toujours grande à une telle élévation, susceptible d'entraîner à son passage des étincelles inaperçues par des hommes dont le travail fixait exclusivement et continuellement les yeux à vingt, trente et quarante pieds au-dessus des dalles.

A deux heures, ces ouvriers qui n'avaient remarqué ni même soupçonné rien d'extraordinaire dans le voisinage de leur cagnard, et qui d'ailleurs, d'après la disposition des lieux, se trouvaient dans l'impossibilité de reconnaître l'existence d'une parcelle de feu, entraînée à leur insu sous le ravalement, et déposée sur une couche de poussier extrêmement combustible, espèce d'amadou formé par le temps au pied de cette charpente desséchée, flétrie par les intempéries, et altérée par les siècles : ces deux ouvriers, disons-nous, étaient descendus avec sécurité pour prendre leur repas.

De retour sur la galerie, vers les trois heures et demie, ils y font les préparatifs pour continuer leur travail, rallument leur charbon, chauffent leurs soudoirs. Vers quatre heures et demie, l'un des plombiers, suspendu à sa corde nouée à 35 ou 40 pieds d'élévation, jette à son manœuvre le cordeau destiné à monter le fer chaud ; il s'aperçoit que sa corde manquait de longueur pour atteindre jusqu'à la galerie ; alors il donne à ce dernier l'ordre d'aller, dans l'intérieur de la charpente, détacher un autre cordeau accroché à l'une des aiguilles qui soutenaient le faîtage. Ce fut en revenant du point où il s'était porté, que le manœuvre, traversant cette multitude de pièces de la charpente et passant sous la noue, qu'il se trouva tout-à-coup arrêté par un point lumineux fixé dans une cavité du dallage des murs du grand comble, et qui existait au pied même de cette noue : il s'approche, il examine attentivement et reconnaît que le feu attaque sur ce point la base de la pièce inclinée.

Il est de fait incontestable, d'après la disposition des lieux et le siège de l'origine de l'incendie, que la flammèche qui l'a produit n'a pu être apportée et fixée sur ce point intérieur, voilé d'ailleurs par la charpente elle-même, et dérobé à l'œil des plombiers qui travaillaient au dehors, n'a pu, disons-nous, être conduite que par la violence du vent, en dessous des rebords béants de la couverture, ainsi que nous l'avons déjà observé.

Alors le manœuvre, saisi de la plus vive émotion, arrive à la galerie, en s'écriant : le feu !..... le feu !.... Le plombier ne le comprend pas d'abord, s'imagine qu'il est question d'un incendie dans la campagne, et plonge autour de lui ses regards dans le lointain qui ne lui offre rien de remarquable; à cette méprise, le manœuvre tout tremblant redouble ses cris en ajoutant : *c'est dans la charpente.* Aussitôt le plombier descend rapidement, pénètre dans le comble pour juger le mal par lui-même, court saisir le vase destiné à contenir l'eau nécessaire à leurs besoins, il le trouve vide et vole chez le sonneur André, au pied de l'édifice (1).

Dans ces entrefaites, l'enfant, resté seul sur la galerie, tombe sans connaissance, et tandis qu'André se porte au comble avec célérité, le plombier appelle à son aide un maçon qui se trouvait au rez-de-chaussée; puis, armés chacun de deux seaux d'eau, ils gravissent l'escalier ; mais, par une fatalité bien funeste, la porte à laquelle ils se présentent s'étant refermée sur le sonneur qui les avait précédés, ils furent contraints de recourir à une autr pratiquée sur un point éloigné, et ce n'est qu'après de longs détours, péniblement parcourus, qu'ils abordent enfin le pied de noue, déjà enflammée d'une manière désespérante. Le feu activé par un vent continuel et violent qui soufflait de bas en haut par de nombreuses ouvertures, s'élevait à plus de vingt pieds au-dessus de leurs têtes. Il était alors plus de cinq heures et demie. Que l'on juge de l'anxiété de ce petit nombre de travailleurs! Leurs secours sont impuissants, leurs forces s'épuisent. En vain luttent-ils contre le fléau qui les domine! sous leurs yeux les progrès de l'incendie marchent à pas de géant, et le temps s'écoule en efforts inutiles. C'est dans cette cruelle extrémité, qu'un sonneur se porte enfin au beffroi, où il arrive à six heures vingt minutes.

---

(1) Ce fut dans ce moment fatal que se fit sentir d'une manière bien cruelle l'absence du bassin établi à peu de distance et du plus facile accès, mais détruit par un ordre suprême du conseil des bâtiments.

SECONDE PÉRIODE.

De six heures vingt minutes du soir à minuit.

A peine ce cri déchirant : *le feu est à la cathédrale!* est-il lancé par le porte-voix, que M. Gabriel Delessert, suivant son honorable habitude, *apparaît le premier* sur la galerie haute au point que l'incendie venait d'attaquer. A ses côtés on voit *le plombier Favret et le sapeur-pompier Brazon*. En quelques minutes, se groupent autour de ce digne magistrat un certain nombre de généreux citoyens, au milieu desquels on remarque MM. *Chabannier* et *Lemarié*, qui s'empressent de le seconder de leurs lumières, du secours de leurs bras et de prendre ses ordres. Déjà M. *Duchesne-Mirey, capitaine des sapeurs-pompiers*, est au pied de l'édifice, à la tête de sa compagnie. Des chaînes sont organisées et ses pompes sont en état de fonctionner.

Près de M. le préfet, on reconnaît MM. *Petey, lieutenant des sapeurs-pompiers, Damars, ancien architecte de la ville, un maréchal-des-logis de chasseurs*, et plusieurs citoyens courageux dont les noms nous ont échappé. L'ordre est donné de tenter de faire la part du feu en coupant la toiture. Il s'agit, à l'aide de la corde à nœuds, de se porter sur le faîte, à quelque distance du point où surgit la fumée. Ce poste dangereux ne peut être abordé que par un coup d'audace et du plus hardi dévouement.

FAVRET et BRAZON se présentent avec un sang-froid vraiment admirable. Ces deux braves se jettent dans les bras l'un de l'autre, se serrent étroitement et s'embrassent : *Allons, Brazon*, s'écrie Favret, *ici c'est à la vie et à la mort. Ne nous abandonnons pas. Ta parole, si tu me vois fléchir et gagner par le feu, que, d'un coup de main, tu me précipiteras sur le pavé, plutôt mourir ainsi que de tomber dans le brasier. Compte sur moi*, répartit Brazon. Ils se serrent la main.

Aussitôt le sapeur Brazon, qui doit suivre de près son camarade qui va lui préparer la route, dont il doit partager les chances si périlleuses, se place en sentinelle sur la galerie pour observer ses mouvements.

Favret, armé seulement de sa corde à nœuds qu'il porte en écharpe, gravit adroitement, avec le seul secours de ses mains, le long du cordon de l'arrêtier en pierres du grand pignon de l'église, du côté du clocher neuf. En peu de minutes il a franchi, en élévation, une ligne de 45 pieds, et *atteint le faîte sur lequel il apparaît debout*, s'avançant vers le point où l'incendie dévorait déjà la charpente d'une manière effroyable. A cette scène inattendue les spectateurs sont glacés d'épouvante, en le voyant marcher avec une rapidité indicible et *une sorte de sécurité sur la crête perfide du volcan qui s'improvise sous ses pieds*, dans les flancs de la couverture, et dont l'éruption spontanée peut l'engloutir sans qu'il soit possible de le sauver.

Nous devons dire ici que, par une de ces imprudences qui tiennent du trouble des esprits aux premiers moments d'un danger autant redoutable qu'imprévu, le maître sonneur, par un faux calcul dont il était loin de prévoir la funeste conséquence, avait brisé les vitres qui fermaient les douze lucarnes destinées à éclairer l'intérieur de la charpente de la grande nef. L'établissement subit d'autant de courants d'air avait tellement augmenté l'intensité du feu, que, comme une traînée de poudre, il parcourut, dans un clin-d'œil, toute la longueur du toit. Te était l'état affreux de l'intérieur du comble, au moment où Favret s'arrêta pour lancer sa corde nouée sur le sommet de ce couvert immense, qui, quelques minutes plus tard, ne présenta plus qu'un lac de feu.

Déjà la chaleur excessive que ressentait sous ses pieds ce généreux ouvrier, l'avait forcé de changer de position, lorsque M. le préfet, saisi d'un juste effroi, lui cria de la galerie : *Hâtez-vous de descendre, ne perdez pas une minute*. Le plomb, de toute part, se mettait visiblement en dissolution. Favret, contraint de battre en retraite, saisit avec prestesse sa corde nouée qu'il a le bonheur de retrouver encore intacte, puis on le voit, dans l'espace de quelques secondes, se glisser comme un trait et tomber sur la galerie entre les bras de Brazon, qui le reçoit avec l'émotion de l'anxiété la plus poignante, à la vue du plomb fondu qui commence à ruisseler sur ses mains et à ses côtés. Une minute plus tard son sort eût été affreux.

A peine Favret avait-il échappé aux horreurs d'une mort inévitable qu'un morceau de plomb, d'environ 8 pouces carrés, se détache du haut de la couverture et vient frapper au côté de M. Delessert qui n'en paraît pas ébranlé.

Tel fut en définitive le résultat pénible et infructueux de cette tentative hasardée en présence du danger le plus imminent, pour faire la part de l'incendie.

Un si beau dévouement vous honore. La couronne civique vous attend, un concours unanime de cœurs généreux ont proclamé vos noms dans cette crise déchirante (1), intrépides Favret et Brazon, vous êtes dignes de la recevoir et de la porter; car vous venez d'imposer à vos concitoyens un large tribut de la plus juste reconnaissance et vous êtes destinés à vivre toujours dans la mémoire des hommes de bien.

Ce mouvement rapide était à peine exécuté que l'ordre est donné de pratiquer dans le flanc de la toiture, des ouvertures destinées à fournir les moyens de pénétrer dans l'intérieur de la charpente pour tenter d'y porter de prompts secours.

En ce moment on montait, par l'escalier du clocher neuf, la petite pompe volante, dans le but de l'utiliser sur la galerie; il fut impossible d'y parvenir. On se trouva donc réduit au service de la grande pompe placée au pied de l'édifice, en hissant les boyaux dont elle était armée jusqu'à la galerie supérieure.

Dans ces entrefaites, le lieutenant Petey et Brazon, munis chacun d'une hache, avaient frayé le passage ordonné. Le premier, armé de la lance de la pompe placée sur la galerie intermédiaire, suivi de Brazon et de l'architecte Damars, pénètrent dans cette forêt, au milieu d'une épaisse fumée qui les entoure. Leurs efforts sont inutiles; la marche toujours croissante du feu rend leur manœuvre impuissante. L'architecte Damars, jugeant

---

(1) La légende des anciennes armoiries de la ville de Chartres était : *servanti civem querna corona datur.*

l'imminence du danger qui les enveloppait, s'écrie : *Retirons-nous ou nous sommes perdus.*

Le feu partant de la croisée, siége de son principal foyer, ayant attaqué le faîtage dans toute sa longueur, atteignait déjà la dernière ferme s'appuyant au pignon de l'ouest qui sépare les deux clochers, et le plomb tombant en fusion sur cet espace immense, commençait à ruisseler sur la galerie lorsque le maréchal-des-logis qui se tenait en sentinelle à la brèche, s'empresse d'arracher du comble les trois travailleurs qui y étaient introduits.

Dans ce moment critique et désespéré, on déclare à M. le préfet que son sang-froid n'abandonna pas, qu'il faut se hâter de quitter la galerie ou se condamner à une mort inutile. M. Delessert se sentant poussé en avant par un mouvement un peu brusque, mais qui trouve son excuse dans le plus profond intérêt, veut résister à l'impulsion qui le fait chanceler, porte alors avec vivacité la main sur la garde de son épée, et, sans se déconcerter, adresse à ceux qui l'entourent ces paroles remarquables qui lui font le plus grand honneur : *Messieurs, j'étais ici le premier, c'était mon devoir, je ne dois en sortir que le dernier, c'est encore mon devoir; passez tous devant moi, je fermerai la marche.*

On conçoit toute la rapidité de cette scène intéressante, sous une pluie de feu toujours croissante qui pouvait à chaque pas couper la retraite et faire de si honorables victimes menacées de périr de la manière la plus cruelle.

Le cri : *sauvez-vous*, prononcé par M. le préfet, près duquel se trouvait le sergent-pompier Dividis, arrive avec la promptitude d'une commotion électrique à l'entrée de l'escalier du grand clocher vers lequel chacun se presse. Il y eut peu d'encombrement dans ce passage étroit et difficile, parce que les derniers d'entre ceux qui s'y portaient, faisant volte-face, permirent de s'éloigner de ce poste dangereux sans difficulté et sans aucun accident.

Au même moment, l'incendie qui se développe avec le bruit d'une tempête subite, surgissant sur toute l'étendue de l'édifice, produit un mugissement qui n'a de comparable que le bruissement d'un ouragan furieux qui l'assiége de toutes parts. On venait d'ouvrir les trois portiques pour faciliter la sortie de l'église de son mobilier transportable. Cette disposition subite imprime un mouvement si violent au vent qui s'engouffre dans l'intérieur du vaisseau, que la colonne d'air qui le remplit s'ébranle tout-à-coup pour se mettre en équilibre avec la colonne supérieure, grandement raréfiée par l'intensité déjà si forte du feu qui remplissait les flancs de la toiture ; son passage rapide par les œillards multipliés dont la voûte est percée, se prononce avec un sifflement étrange. Dans un clin d'œil le plomb disparaît en totalité par un effet tout magique sous l'action instantanée de ces nombreux soufflets, et le comble dépouillé entièrement de son manteau, n'offre plus qu'une carène embrasée dont on voit les parties se détacher successivement, se plier les unes sur les autres, et tomber sur la voûte comme les chênes d'une forêt qui cèdent aux efforts d'une trombe impétueuse.

Les fermes du grand comble de la grande nef en se pliant les unes sur les autres, s'inclinèrent toutes vers les deux pyramides. Ce mouvement produisit un double effet ; d'abord, il encombra du brasier le plus ardent l'espace qui les sépare et détermina la combustion de la charpente qui garnissait intérieurement chacune d'elles en introduisant le feu par les ouvertures qu'elles présentaient à leur base. Ensuite, du même coup, il refoula vers la base de ce grand édifice une masse énorme de fumée épaisse plombée, d'une teinte bleuâtre, verdâtre et litharginuse qui, enveloppant spontanément le monument, envahit tout le cloître. L'intensité du calorique qu'elle renfermait, fut telle que, les nombreux travailleurs qui occupaient la place, furent contraints de reculer jusqu'aux habitations qui en forment la ceinture, et de se cacher la figure pour se dérober à l'action subite d'une chaleur insupportable, en même temps qu'à une suffocation pénible. Chacun d'eux ressentit au même instant une pluie légère de plomb volatilisé qui tombait par petits globules d'une extrême ténuosité. Cette situation pénible fut de courte durée. Le vent qui soufflait autour de l'église l'ayant emportée rapidement vers l'est-sud, en fuyant au-dessus de la basse ville, sur laquelle

elle sema une quantité prodigieuse de parcelles de feu qui la mirent en danger. Le nuage que formait cette épaisse fumée s'étendit sur un espace de cinq lieues, puisqu'au village du Gué de Longroy on éprouva son odeur lithargique.

Cependant l'aiguille à laquelle se rattachaient toutes les fermes de l'apside résiste encore quelques instants. Semblable au grand mât d'un navire de haut bord, on la voit surgir d'une mer de feu. L'ange Gabriel qui couronne son sommet, sentinelle sacrée à la garde séculaire, a touché le terme de sa religieuse surveillance ; triste témoin de ce grand désastre, il voit tomber les derniers arcs-boutants de son piédestal dont la construction hardie avait dédaigné le secours d'un point d'appui vertical ; il fléchit enfin, perd son centre de gravité, puis s'inclinant majestueusement en face des deux pyramides destinées à lui survivre, et comme pour leur donner un solennel et dernier adieu, il se plonge dans la fournaise où il disparait pour toujours. Ainsi, vers sept heures et demie cette forêt merveilleuse se trouve entièrement dévorée et le plan supérieur du monument ne présente plus qu'une immense plage de feu.

Pendant cette crise effroyable, le zèle, l'empressement des citoyens, l'activité des travailleurs ne purent se comparer qu'à la profondeur de l'infortune qui les accablait, et n'eurent d'autre mesure que l'étendue du mal et de ses conséquences funestes dont ils étaient menacés.

Le monument était à peine attaqué que déjà il se trouvait enveloppé par un immense concours de citoyens qui s'y portèrent avec rapidité. Des chaînes et le service des pompes furent organisés avec une promptitude et une sagacité dignes des plus grands éloges.

A la garde nationale, à la troupe de ligne, à la gendarmerie qui se mirent à la disposition et se placèrent sous les ordres de M. le préfet et de M. le général Fleury de Bourckoltz, commandant le département, on vit se réunir M. Baron, architecte-voyer, les autorités municipales, les membres de la magistrature et du clergé, les élèves du séminaire et de l'école normale. Dans cette multitude innombrable de travailleurs, chacun rivalisa de courage et d'ardeur, et donna l'exemple honorable d'une soumission rigoureuse dans l'exécution des sages dispositions ordonnées par les chefs qui dirigeaient ce grand mouvement.

Parmi les hommes les plus activement dévoués qui se font remarquer, on distingue M. le marquis de la Rochejaquelein, arrivé au premier coup de marteau du beffroi et qui sembla se multiplier sur tous les points dangereux. Il se signala de la manière la plus utile, autant par l'entente par fois si difficile de l'improvisation des chaînes et de la distribution de l'eau, que par le maintien de l'ordre et les secours qu'il porta lui-même au milieu de la confusion inévitable dans une telle catastrophe où, et nous nous plaisons à lui rendre cette justice, il ne cessa de payer de sa personne. Doué d'une force herculéenne, on le vit, au moment où la maison de M. Lebrun des Charmettes (fermée par cause de son absence) était menacée de l'incendie, enlever une échelle au haut de laquelle se trouvait un sapeur-pompier, et la tenir ainsi suspendue au niveau du mur de la cour d'entrée afin de lui faciliter ainsi le moyen d'y pénétrer pour y donner du secours.

D'un côté on se hâte d'évacuer l'hospice des malades situé au pied du vieux clocher, et les infortunés qui gissent dans ce lieu de douleurs sont transportés à la maison des vieillards, puis dans les salles de la préfecture. Là, Madame Delessert, émule touchante des dignes et respectables sœurs de Saint-Vincent de Paule, dispense, prodigue aux malades les soins les plus empressés avec une sérénité consolatrice que ne peuvent trahir un seul instant les angoisses de la tendresse conjugale dont son âme est agitée à la vue des dangers que brave notre honorable préfet.

De l'autre, on s'occupe de préserver de l'atteinte d'une pluie de feu poussée par un vent violent qui souffle de l'ouest-sud sur la ville basse et particulièrement sur les maisons situées au pied et à peu de distance de l'édifice incendié. Dans ce but, une pompe est placée dans le cloître, en face de la maîtrise des enfants de chœur, au bas de l'apside, côté de l'est-sud.

Une seconde, en station rue de la Corroierie, a pour objet de protéger la basse ville, placée sous l'action d'une pluie de feu incessante, dont l'effet alarmant perpétue le danger dans toutes les habitations.

Les toitures des maisons voisines de l'église sont garnies de couvertures mouillées et continuellement arrosées. Des pompiers armés de haches et munis de seaux à incendie sont en observation sur les toits et dans les gouttières en même temps que les propriétaires eux-mêmes, secondés de travailleurs, ramassent et éteignent, avec la surveillance la plus minutieuse, les charbons qui tombent sans intermittence.

Toutefois, quelque grande que fût cette activité, la violence du vent qui semait l'incendie la mit un peu en défaut : le feu prit dans les bâtiments des Dames de la Providence, mais on parvint aussitôt à l'arrêter.

Enfin, le service de la pompe de Saint-Georges-sur-Eure qui arrive en toute hâte, est organisé dans la cour centrale de l'hospice et doit mettre à l'abri de tout danger ce précieux établissement à la sûreté duquel veillait alors le sergent Dividis, accompagné du sapeur-pompier Maurice et d'autres de sa compagnie.

Dans ces entrefaites arrive le maire de Saint-Prest à la tête des habitants de sa commune. Il aborde l'édifice au pas de course et dans un ordre remarquable. On le charge aussitôt de surveiller et de garantir l'intérieur de l'église menacé sur un grand nombre de points à la fois. Il venait de prendre position à peu de distance de l'entrée de la porte du midi, vers laquelle une chaîne, subitement organisée, se trouvait sous ses ordres, et il avait à peine éteint quelques morceaux de charpente embrasés et tombés par le grand œillard du transept, qu'un jet de fumée, sorti du sommet de l'orgue, indique un point important sur lequel son service doit être exclusivement dirigé. Le zèle et l'intelligence de ce digne fonctionnaire, secondé par le lieutenant de sapeurs-pompiers Percebois, justifièrent au même instant la confiance dont ils étaient investis. On se porte en toute hâte à la galerie intérieure de la nef ; une chaîne formée par les élèves de l'école normale, conduits par M. Aubin Jumentier, occupe l'escalier qui mène à l'orgue, et l'activité des travailleurs est telle que quelques moments suffisent pour se rendre maître du feu. Ainsi, la couverture des soufflets de l'orgue se trouva garantie avec une promptitude égale à celle de l'atteinte qu'elle venait de recevoir.

Cependant M. le préfet, que le danger le plus grave avait forcé d'abandonner le poste si dangereux qu'il occupait à la galerie supérieure, était arrivé au secours des basses ailes dont le plomb de la couverture mis en fusion sur quelques points par la chute de morceaux de bois enflammés, lancés du grand comble, et singulièrement autour de l'apside, avait formé autant d'ouvertures par lesquelles l'incendie se communiquait à la charpente.

Ce magistrat, doublant alors son courage et son énergie, dirigeait partout les secours les plus actifs avec une présence d'esprit inimitable.

Alors, sur les ordres de M. Delessert, les sapeurs-pompiers Baret, Darde et Ferrand, suivis du charpentier Dunas dont la conduite est si louable dans tous les sinistres, puis d'un grand nombre de citoyens à la tête desquels se trouvaient le maître-sonneur André et son fils, pénétrèrent dans les corridors longs et étroits des bas côtés.

Au même moment, une échelle est appuyée sur la muraille extérieure en face de la rue des Changes. Les travailleurs ne reculent pas devant son manque de hauteur. *Une seconde échelle est plantée simplement, et sans cordage, sur la tête de cette première qui devient son seul point d'appui.* Puis, avec une hardiesse qui tient autant de l'irréflexion que de l'audace, mais qui prouve au plus haut degré le zèle vraiment aveugle qui dominait partout, on voit tout-à-coup cette route aérienne dont un léger mouvement pouvait rompre le frêle équilibre, parsemée spontanément d'hommes chargés de seaux et donnant le premier secours avec la sécurité la plus effrayante pour les spectateurs. M. Sellèque était du nombre de ces hardis travailleurs. Heureusement de telles angoisses furent de courte durée.

La pompe de Saint-Prest dont on réclame le secours dans

cette occurrence, quitte sa première station et arrive en face de la chapelle de Vendôme, sous le commandement du lieutenant Percebois.

Aussitôt le cercle est formé autour de la pompe : la démonter, la transporter pièce à pièce sur la galerie intermédiaire et la mettre en état de fonctionner furent l'affaire d'un moment. La prestesse qui signala l'exécution de cette utile manœuvre fut un sujet d'étonnement mêlé d'intérêt pour les assistants.

Cette pompe fut alimentée avec tant de persévérance et le service fut dirigé et exécuté avec une entente si heureuse, que sur les onze heures du soir, après un travail pénible et dangereux, les efforts soutenus avec une ardeur vigoureuse se trouvèrent couronnés d'un succès d'autant plus précieux que les travailleurs devinrent maîtres du fléau dont le ravage devait entraîner la perte irréparable de nos magnifiques vitraux ; car les légers ligaments en plomb qui en réunissent les parties ne pouvaient manquer de céder spontanément à l'action du feu, qui aurait surgi de leurs bases dans tout le pourtour de ce vaste édifice.

Ainsi donc, honneur soient rendus aux auteurs d'une si importante conservation ! que M. le maire de Saint-Prest, le lieutenant Percebois et tous ceux qui les ont secondés si admirablement dans cette grave circonstance, veuillent bien recevoir ici le juste hommage de la reconnaissance publique !

Pendant que toutes ces choses se passaient, le mobilier le plus précieux de l'église, les saintes châsses, les reliques, les vases sacrés, les ornements, les tableaux, *la vierge noire*, objet de la plus antique vénération, les bancs, les chaises placés dans l'intérieur du temple, susceptibles d'être endommagés ou détruits par le feu, furent transportés au-dehors et mis à l'abri de tout danger.

Toutefois, il devint tellement difficile d'aborder le pied de l'édifice que l'on dut renoncer à puiser aux bassins qui s'y trouvaient établis. L'emploi d'une quantité d'eau extraordinaire pendant la marche rapide de l'incendie épuisait sensiblement les citernes des habitations voisines ; mais pour obvier à un inconvénient si majeur, la prudence des chefs qui dirigeaient cette fourmilière de travailleurs distribués sur ce grand théâtre de malheur, créa à la hâte, dans la partie sud du cloître, trois bassins où l'on versait continuellement l'eau apportée de la rivière dans des tonnes fixées sur des voitures. Ce service fut maintenu tant que la nécessité le commanda.

Pendant la première heure d'anxiété et d'alarmes, l'évêché, le séminaire, l'ancien couvent de St.-Jacques occupé par les sœurs de la congrégation de St. Paul, devinrent autant de dépôts des objets précieux sauvés de la cathédrale; en même temps, les places publiques s'encombraient de meubles, de quantité d'effets de ménage et de bois de toute espèce, déposés par les habitants des rues voisines du désastre : ils les plaçaient ainsi sous la sauve-garde de la foi commune, tandis que d'autres transportaient sur des points plus éloignés, leurs marchandises et leur mobilier chez des parents et des amis, qui se faisaient un devoir sacré de donner asile au malheur. Dans une telle confusion, dans ce grand mouvement des intérêts matériels de la fortune privée, auxquels présidait la conscience la plus sévère, personne n'eut à regretter soit la perte, soit le rapt du plus mince objet; ce fait incontestable justifie d'une manière bien honorable l'antique probité chartraine.

Au milieu de cette foule de citoyens qui se pressaient, se multipliaient autour du foyer du sinistre, et se distinguaient par un zèle, une activité et une ardeur indicibles, les premiers moments de cette profonde infortune furent d'autant plus désespérants, que l'on se trouva réduit au seul usage de cinq pompes que la ville pouvait offrir; mais ce terrible fléau, avec toute la rapidité d'une commotion électrique, ayant répandu l'effroi dans un rayon très-étendu, les communes les plus rapprochées, entraînées par un sentiment irrésistible d'intérêt, se mirent en mouvement et s'empressèrent de venir payer le tribut de leurs utiles secours, en livrant leurs pompes et leurs bras à la disposition de M. le préfet, qui eut la satisfaction de les accueillir et de pouvoir les utiliser au fur et à mesure qu'ils arrivaient.

Déjà toute la charpente se trouvait abîmée dans un océan de feu, qui continuait d'en dévorer les débris. On avait craint un moment que la chute des fermes n'ébranlassent les voûtes par leur poids, mais leur épaisseur, et surtout la solidité de leur construction, les garantissaient de tout accident. D'ailleurs, il est nécessaire d'observer que les entraits (1) qui servaient de base à chaque ferme (2), établissaient au-dessus de ces voûtes un grillage en forme de plancher, qui, par la force des pièces dont il se composait, offrant une grande résistance aux débris, presque aux trois quarts rongés par le feu, qui s'y précipitaient, en amortissaient tellement les coups, que les voûtes ne subirent alors qu'une bien faible partie de la grande commotion à laquelle elles se trouvaient exposées dans cette combustion instantanée, dont la rapidité présenta l'image parfaite de la foudre qui frappe et pulvérise dans un clin-d'œil.

Cependant les fermes du grand comble aboutissant et occupant horizontalement, sur quarante à cinquante pieds environ, l'espace compris entre les pans du développement en élévation des deux clochers, n'avaient pas éprouvé dans leur combustion le même mouvement que le surplus des autres fermes de l'édifice. Les pièces qui les composaient tombèrent à droite et à gauche sur ces espèces de murailles, et s'appuyèrent en partie sur les portes en chêne qui fermaient les ouvertures établies au niveau de la galerie supérieure, avec laquelle elles étaient en communication. Le foyer de l'incendie, ainsi concentré dans cet espace fermé de trois côtés, ne tarda pas à détruire ces clôtures et à étendre ses ravages jusque dans l'intérieur des deux tours, en attaquant la charpente qu'elles contenaient.

Ce fut vers huit heures du soir que la fumée, sortant du clocher neuf, donna l'effroyable certitude du sort qu'il devait subir.

La consternation augmente au moment où l'on voit briller la flamme dans la charpente de la sonnerie; en peu d'instants cette tour pyramidale, percée sur ses quatre faces de seize grandes ouvertures, se transforme en un phare étincelant de la plus vive

---

(1) Leur écarrissage portait de 10 à 12 pouces.
(2) Elles se composaient de bois de 7 à 8, et se trouvaient établies à trois pieds de distance l'une de l'autre.

lumière, qu'il projette au loin à travers les jours d'une ceinture qui se développe avec la légèreté de la plus riche dentelle ; puis, dans un tableau qui tenait de la magie, dessine tout-à-coup l'élégance merveilleuse de ses formes, et présente l'étonnant spectacle d'une belle horreur qui glace d'effroi la ville entière.

L'incendie produit alors des effets pyrotechniques, dont l'étrange variété fixe pendant leur durée la trop pénible attention des spectateurs, par l'ascension incessante des jets d'étincelles pétillantes qui semblent s'échapper des joints de chaque pierre, et forment un réseau admirable de feux de diverses couleurs, enveloppant et éclairant jusqu'à son sommet ce cône si hardi, de manière à faire distinguer à l'œil nu toute la beauté du travail de sculpture dont il est enrichi ; puis, la lanterne de l'escalier en colimaçon qui conduit au beffroi, et dans l'intérieur de laquelle la flamme pénètre, vient ajouter à ce spectacle merveilleux un effet tout pittoresque.

C'est en vain que l'on tente de porter des secours si urgents sur ce point du plus haut intérêt, on est obligé de reculer devant l'impossibilité, résultant soit de la difficulté de l'abordage, soit de la force désespérante du fléau ; on est condamné à voir dévorer cette charpente durant cinq heures consécutives ; l'intérieur de cette magnifique pyramide ne présente plus que l'aspect de la fournaise la plus ardente. Les cloches, restées long-temps rouges et suspendues au milieu des poutres qui les supportent, cédant enfin à l'activité du feu vers neuf heures et demie du soir, perdent leurs points d'appui et se précipitent sur la voûte dans le brasier qui s'y était formé. Le mouvement qu'elles subissent dans leur chute, fait jaillir au dehors, sur le pavé du cloître, le battant de l'une d'elles, en même temps que deux fragments de leurs bases échappés à la fusion ; ils entraînent avec eux quelques morceaux de charpente enflammés. Le métal reste prisonnier sur le plancher de la voûte, clos hermétiquement.

Durant l'anxiété qui pèse sur la ville à l'aspect effrayant de cet obélisque de feu, si tragiquement improvisé, dont le sommet semblait se perdre dans les nues et dont l'écroulement subit devait entraîner une bien dangereuse calamité, le mugissement de cette fournaise aérienne offre l'image poignante d'un râle d'agonie, dont le marteau du beffroi ne discontinue pas de sonner les heures avec une régularité qui présentait quelque chose de solennel.

Cependant les entrailles de cette noble victime se trouvent dévorées, et l'intensité du feu sensiblement diminuée en ronge encore les débris, lorsque le marteau de l'horloge, frappant minuit, vient consoler quelques instants les cœurs chartrains, et leur annonce que leur belle pyramide, après avoir bravé les orages de trois siècles, a touché le terme de la plus rude épreuve et que son sort est fixé.

Ainsi donc, la part du feu se trouve circonscrite sur ce point et le beffroi sauvé comme par miracle. Un moment de sécurité répand quelque calme dans les esprits, sans toutefois les affranchir des nouvelles angoisses qui leur sont réservées, et auxquelles ils se préparent en voyant quelques jets de fumée s'échapper du clocher vieux.

Dans ces entrefaites, arrivent *les pompes* des communes de *Morancez, Dammarie, Sours, Thivars, Fontaine, St.-Piat, Jouy* et *Illiers*: cette dernière offre le secours des deux qu'elle possède. Toutes sont utilisées à mesure qu'elles se présentent, et leur station varie suivant les besoins commandés par la nécessité du moment.

Le palais épiscopal, situé au nord de l'église, fut scrupuleusement surveillé, un service de sûreté y fut établi. Il ne reçut aucune atteinte; mais le vent qui soufflait du nord-ouest, fit peser long-temps sur la ville basse, quartier très-populeux, des alarmes continuelles.

Dans cet état de choses, la sollicitude de l'administration municipale qui dirigeait avec une prudence et une activité des plus louables les secours de toute nature que pouvaient réclamer la sûreté et la tranquillité de la ville entière, avait invité, dès neuf heures et demie du soir, les habitants à éclairer extérieurement leurs maisons pendant toute la nuit, et à placer à chaque porte des tonnes remplies d'eau. Chacun se fit un devoir d'obtempérer aussitôt à cet avis salutaire, et la surveillance continua de s'exercer au milieu d'un silence morne et accablant.

TROISIÈME PÉRIODE.

De minuit à cinq heures du matin.

Aux six heures qui venaient de s'écouler dans l'agitation du travail le plus pénible, succédait le calme morne et douloureux d'une nuit éclairée par les feux mourants qui couronnaient toujours le sommet de l'édifice, et destinée à devenir le triste et douloureux témoin d'une catastrophe, dont les éléments se préparaient dans l'intérieur d'un fourneau perfide qu'une masse de pierre dérobait aux regards de tous. Le moment redouté de l'explosion de ce nouveau et dernier volcan qui devait éclater d'un moment à l'autre, entretenait toujours les angoisses, sous l'empire desquelles la ville n'avait pu cesser encore de gémir.

A minuit, un poste de la garde nationale fut placé en surveillance dans l'intérieur de l'église, entre les deux clochers, et ne se trouvait éclairé que par deux faibles lampions Un silence lugubre, le silence des tombeaux régnait sous ces voûtes immenses et ne se trouvait interrompu que par une petite pluie de plomb fondu qui tombait goutte à goutte sur la tablette ou saillie du bas-relief du massif qui s'élève sur la droite de la grande grille du chœur, et rejaillissait sur le pavé en bulles arrondies. De temps en temps, l'obscurité de la partie supérieure des voûtes était sillonnée par des éclairs intermittants qui traversaient les œillards et étaient produits par des jets de flammes lancées à la base du grand cône par la fournaise qui dévorait lentement son énorme charpente.

Le problème de l'existence du clocher neuf venait d'être heureusement résolu; mais les alarmes se portaient avec d'autant plus d'empressement et d'intérêt sur le clocher vieux, que le public depuis long-temps imbu de l'idée fausse de son manque de solidité, ne pouvait se soustraire à la crainte de le voir céder aux effets de la puissance destructive de son énorme charpente. Le feu qui le rongeait sourdement depuis dix heures du soir, avait acquis un degré d'intensité qui rendait inutiles et même dangereux les secours que l'intrépidité la plus courageuse pouvait tenter d'y porter.

On y avait toutefois transporté la pompe volante, restée déposée sur les abords du clocher neuf; mais il n'était plus temps. Les pompiers Barbet et Maurice, sous la direction de MM. Petey et Damars, font de vains efforts ; toutes démonstrations sont entièrement superflues. Dans cette lutte désespérée, à une heure du matin, M. le préfet donne aux travailleurs l'ordre de se retirer, et la pompe abandonnée se trouve détruite dans le cours de l'incendie. Dès lors on se résigne à subir la chance redoutable des événements qui devaient être la conséquence de l'embrasement concentré dans ce cône immense, vomissant à sa base une fumée épaisse et lugubre, dont les développements prennent un accroissement de plus en plus rapide.

Le feu qui s'était introduit dans l'intérieur du clocher vieux, par la porte établie dans l'angle, donnant sur la galerie haute, avait attaqué et miné en contre-bas l'énorme charpente destinée à contenir et suspendre les trois bourdons. Ce foyer ardent, après six heures d'action, en avait tellement torréfié et affaibli la base, que la pesanteur de ces fortes poutres, dont l'assemblage surgissait à plus de 60 pieds, chargée en outre du poids de trois immenses échelles qui conduisaient à la lucarne ouverte au pied de l'échelle de fer, fixée en dehors au-dessous de la pomme, que toute cette masse qui s'affaissa tout-à-coup sur les 5 heures et demie du matin (5 juin), produisit une explosion épouvantable, dont il devint impossible de décrire les véritables effets.

En un clin-d'œil la base de cet énorme cône n'est plus à son intérieur que le cratère d'un volcan qui, se faisant jour par vingt bouches à la fois, vomit horizontalement vingt colonnes de feu qui s'élancent à trente pieds de distance de la tour, qui s'en trouve enveloppée dans toute sa hauteur, et forme tout-à-coup une brillante et énorme pyramide de feu. Au vif éclat de son effrayante lumière, l'obscurité de la nuit disparaît et la ville entière, dépouillée comme par enchantement du voile lugubre qui la dérobait, se trouve spontanément éclairée comme en plein jour pendant plus d'un quart d'heure.

À la suite immédiate de cette explosion qui venait de lancer sur le bâtiment de l'hospice des morceaux de poutre enflammés, M. le marquis de la Rochejacquelein, qui n'avait pas quitté le siége du sinistre, voyant huit à dix hommes transporter péniblement une pompe pour la rapprocher de ce point violemment menacé, s'empare avec promptitude de l'arrière-train de cette machine hydraulique, tandis que M. Gilbert, peintre, et un sapeur pompier se chargent de la tête, et, dans un clin d'œil la pompe se trouve en état de fonctionner. Le sentiment du danger augmente dans une telle proportion les forces des hommes d'un généreux dévoûment, qu'en la déposant où elle devait agir, ils furent surpris eux-mêmes du tour de force qu'ils venaient de faire.

Les circonstances de cette catastrophe nocturne sont remarquables par les effets singuliers qu'elle produisit. A l'instant où s'opéra ce bruyant ébranlement, la grande intensité du feu qui se trouvait établie et concentrée à la base du cône, éprouva un refoulement spontaté qui la divisa, et força une grande partie de la flamme de s'élancer dans toute sa hauteur intérieure avec une telle violence, que la force de la réaction qu'elle éprouva, en raison directe de la compression toujours croissante qu'elle dut subir dans cette issue toujours décroissante, pour arriver à la petite lucarne, qui seule lui permettait de se dégager de son entrave, surgit tout-à-coup à plus de soixante-quinze pieds au-dessus de la croix; dans ce passage difficile, son action forte et rapide pesant alors directement sur tous les points de la face intérieure du cône, faisant céder tous les mortiers nouvellement appliqués aux boulins dont elle est percée dans sa hauteur, produisit une multitude de détonations qui ressemblèrent à autant de coups de pistolets de Volta, signalés par des jets de flammes dont elle se trouva hérissée.

A l'annonce de cette nouvelle calamité, on bat la générale, et toutes les craintes se réveillant alors, on croit avoir touché le moment fatal où les sinistres prévisions dont on était frappé vont s'accomplir, et que cette masse énorme, cédant enfin à toute la puissance de son élément destructeur, va se déchirer, et par la projection de ses lourds débris, écraser tout ce qui l'entoure; mais par un bonheur inespéré, ces trous, ces fissures en se débouchant tout-à-coup, offrirent autant de soupapes de dégagement à l'air dilaté et fortement comprimé, autant de ventouses salutaires qui le mirent promptement en équilibre avec l'atmosphère dont le clocher était enveloppé.

Ainsi donc le sinistre qui semblait annoncer son heure dernière, ne devint qu'une crise heureuse à laquelle il dut le maintien de son existence; et il est permis de croire, après une épreuve aussi extraordinaire, que le problème de la grande solidité de sa construction est maintenant résolu, puisqu'il demeure toujours immobile sur sa base à la suite de l'attaque la plus violente que la Providence lui avait assignée pour notre époque.

Cependant la population accourue vers le cloître au cri d'alarme lancé au milieu de la nuit, attendait, dans la consternation, les résultats du grave événement qui venait de l'arracher à un repos bien loin d'être exempt de toute anxiété.

On ne tarda pas à reconnaître d'abord de la stagnation dans les effets du sinistre, puis une amélioration graduée qui se fit bientôt remarquer dans ceux de cette explosion.

Les débris de la charpente, rongés en grande partie par les six heures de cet incendie intérieur, une fois précipités au foyer de cette fournaise si ardente, y furent promptement dévorés, et, faute d'aliment, l'intensité du feu diminua tellement, qu'une demi-heure à peine écoulée avait fait renaître le calme dans les esprits agités.

Déjà un sentiment de quiétude sur le sort du clocher vieux avait pénétré dans l'ame de chaque spectateur, qui renaissait de plus en plus à l'espérance. Enfin, l'amélioration d'un tel état de choses fit de tels progrès, qu'à quatre heures et demie du matin, les abords du clocher, devenus praticables, permirent d'y établir le service d'une pompe pour éteindre les restes de l'incendie. A cinq heures, on se trouvait enfin maître du feu et chacun put respirer avec sécurité.

QUATRIÈME PÉRIODE.

Journée du 5 Juin.

Vers le milieu de la nuit, lorsque la décroissance des effets de ce grand désastre fut arrivée au point de réduire les travailleurs à une pénible mais sévère surveillance, l'autorité jugeant alors que la présence des habitants des communes voisines cessait d'être rigoureusement nécessaire et qu'ils avaient besoin de prendre quelques heures de repos pour réparer leurs forces épuisées, avait donné des ordres pour qu'ils pussent se retirer librement, mais sous la promesse de leur retour à l'aube du jour. Ainsi donc, dès six heures du matin, on les voit reparaître animés du même zèle et se présenter sous la conduite de leurs maires respectifs.

M. le préfet dont l'activité était toujours infatigable s'empressa d'utiliser tant de bras qui lui étaient offerts avec un dévoûment digne des plus grands éloges.

Ce magistrat donne alors l'ordre de monter trois pompes sur les points les plus imminents de l'édifice; en peu d'instants les sapeurs-pompiers les démontent, les transportent pièce à pièce et les établissent dans les endroits indiqués. A la suite de cette utile manœuvre exécutée avec toute la prestesse désirable, on ne tarde pas à faire fonctionner la pompe d'Illiers dans le vieux clocher devenu abordable; puis on voit celles de Saint-Prest et de Saint-Piat prendre position sur la galerie supérieure rendue praticable par la grande diminution de l'énorme brasier qui en avait interdit l'approche pendant douze heures consécutives. D'autres pompes furent placées en même temps au pied de l'édifice dans le but d'alimenter sans interruption ces trois premières.

Dans ces entrefaites, des chaînes nombreuses furent organisées et l'approvisionnement de l'eau rigoureusement assuré.

Dans ce mouvement spontané qui succède au calme accablant d'une nuit déchirante, le zèle le plus ardent réunit de nouveau sur ce théâtre de désolation les habitants de la ville et des campagnes, toujours rivalisant de zèle et de dévoûment avec les gardes nationaux, avec les soldats du 55ᵉ de ligne et du 6ᵉ chasseurs, parmi lesquels MM. les adjoints Durand et Letellier (en l'absence de M. Ad. Chasles, maire), les magistrats, les ecclésiastiques et les fonctionnaires qui, la veille, avaient payé si généreusement de leurs personnes, achevaient avec empressement d'acquitter la dette qui leur était imposée par une si profonde infortune.

Ces derniers et si honorables efforts ne tardèrent pas à réduire ce désastre à des décombres fumants et à quelques tisons presque éteints. On précipita du clocher vieux dans le cloître les tristes débris de la belle charpente que renfermait cette vieille pyramide et que le feu n'avait pas entièrement dévorés. Enfin, des dispositions de sûreté, prises avec un soin scrupuleux pendant la journée, rendit à toute la ville la sécurité qui lui avait été ravie par cette horrible calamité. Il pouvait être alors dix heures du matin.

Toutes les dispositions commandées par une prudence rigoureuse, une fois établies, on fit retirer les travailleurs et descendre les pompes dont le service était devenu inutile.

M. le préfet passa en revue les diverses compagnies des sapeurs-pompiers ainsi que les détachements de travailleurs qui les avaient si bien secondés ; puis il les congédia après leur avoir payé le juste tribut de la reconnaissance publique et leur avoir exprimé avec une noble bienveillance le sentiment de sa gratitude personnelle.

Ces devoirs douloureux étant remplis, on fit disparaître promptement, tant à l'extérieur qu'à l'intérieur de ce monument si indignement dégradé, les traces hideuses et déchirantes de cet épouvantable sinistre.

En explorant, pour la première fois après l'incendie, la surface du sommet de ce vaste édifice, on fut grandement surpris de n'y apercevoir qu'une faible couche de cendre, le vent en ayant emporté et dispersé au loin la majeure partie en même temps que le plomb pulvérisé avec une telle ténuité pour qu'en tombant sur les travailleurs d'une manière assez sensible, plusieurs d'entr'eux aient pu en saisir la preuve dans les poches extérieures de leurs vêtements ; toutefois on y rencontra quelques rares charbons, des boulons, des agraffes en fer et autres ferrements épars çà et là, puis enfin, on y reconnut des débris en cuivre rouge de la tunique de l'ange Gabriel.

DISPOSITIONS ULTÉRIEURES.

Cependant un dernier devoir restait à remplir pour notre digne préfet. Il ne pouvait pas suffire à l'administrateur juste et éclairé d'avoir acquitté sur-le-champ la dette de la reconnaissance publique envers la masse des citoyens qui l'avaient si généreusement et si largement secondé dans une catastrophe d'une si douloureuse mémoire ; sa conscience ne le tenait pas quitte envers un petit nombre d'hommes qui s'étaient plus particulièrement distingués sous ses yeux. Le Gouvernement qu'ils avaient si utilement servi dans cette grave circonstance, leur devait à son tour un témoignage particulier mais éclatant de sa munificence, un titre honorable destiné à perpétuer dans leurs familles le souvenir d'une belle action. Ce fut donc en vue non-seulement d'acquitter le présent, mais encore de confier à l'avenir des germes d'espérance qu'il se trouve chargé de développer et de faire fructifier dans les grands jours d'infortune qu'il nous réserve, que M. Gabriel Delessert se crut dans l'obligation de signaler à la justice bienveillante du Roi une série de noms tant recommandables par des faits marquants.

Sa Majesté fit un choix et daigna honorer de médailles rémunératives en argent,

MM. 1° Denis (François), maire de Saint-Prest.
  2° Percebois (Nicolas-Désiré), lieutenant de sapeurs-pompiers de la même commune.
  5° Favret (François-Désiré), ouvrier plombier de Chartres.

4° Brazon (Louis), \
5° Darde (Claude), } sapeurs-pompiers de Chartres.

6° Dauvilliers (Jean); lieutenant des sapeurs-pompiers de Saint-Piat.

7° André, sonneur de l'église de Notre-Dame.

8° Mittier (Michel), sergent-major de la garde nationale de Chartres.

9° Juteau (Maxime), plâtrier.

10° Et la dame Coeffé (Victoire-Pauline), née Gillot, et qui n'a pas quitté un instant le théâtre de l'incendie où elle a rendu de très-grands services.

La distribution de ces médailles d'honneur, quant aux citoyens de la ville qui les avaient méritées, fut faite par M. le maire, le 11 novembre 1856, dans une séance solennelle de son conseil municipal.

Chacune de ces médailles en argent, grand module de 23 lignes de diamètre, était accompagnée d'un brevet spécial pour chacun, et comprenant l'autorisation de la porter ostensiblement à sa boutonnière.

L'ordre du Roi est du 15 août 1856.

Chaque médaille comprend,

A la face :

L'effigie de sa majesté Louis-Philippe, Roi des Français.

Au revers :

La force et l'humanité soutenant une couronne au-dessus d'un ovale, dans lequel est écrit :

A (N.)
Pour le courage
Et le dévouement
Dont il a fait preuve
Dans l'incendie
De la cathédrale
De Chartres.
4 et 5 juin
1856.

Le 5 août 1836, le conseil municipal de la ville de Chartres, voulant acquitter sa dette de la reconnaissance publique envers M. Gabriel Delessert, vota en son honneur, et pour perpétuer le souvenir de sa belle et noble conduite pendant le cours de cette grande infortune, une médaille grand bronze, composée d'un mélange du métal des cloches mises en fusion.

Elle porte à la face, pour exergue, cette légende :

Cathédrale de Chartres, incendie des 4-5 juin 1836.

Au centre en relief :

L'église Notre-Dame.

Au-dessous :

Métal des cloches fondues par l'incendie.

Au revers, pour exergue :

Délibération du conseil municipal, 5 août 1836.

Au centre d'une couronne de chêne on lit ces mots :

A M. Gabriel Delessert préfet, la ville de Chartres reconnaissante.

Le diamètre de cette médaille porte 51 lignes.

Elle fut présentée à M. le préfet d'une manière très-solennelle, par M. le maire, ses deux adjoints, MM. Durand et Letellier, accompagnés de plusieurs membres du conseil.

Dans ce moment fatal, M. Adelphe Chasles, maire de Chartres, était retenu à Paris par ses fonctions de membre de la chambre législative. Le zèle prononcé dont ce magistrat est pénétré pour le bien de son pays, le ramenait avec célérité dans sa ville natale, lorsque, rencontrant sur sa route M. le préfet qui se rendait en toute hâte auprès de M. le ministre des cultes, il rebroussa chemin et reprit la direction de M. Delessert. Ce fut à la suite d'une conférence pleine d'intérêt sur la gravité des circonstances, que, le 7 juin, on le vit arriver à Chartres.

En même temps, M. Sauzet, garde des sceaux, ministre secrétaire d'état au département de la justice et des cultes, arriva accompagné de MM. Schmitt, chef de division du culte catholique, Huvé, Debret et Grillon, ces trois derniers architectes, membres du conseil des bâtiments civils, dans le but d'apprécier par eux-mêmes l'étendue des désastres que ce monument venait de subir, et d'arriver à des moyens prompts et possibles de le réparer.

A peine le bruit de leur arrivée est-il répandu dans la ville, que déjà on les aperçoit sur le sommet de l'édifice, entourés de M. le préfet, M. le maire de Chartres, des architectes de la ville et de quelques magistrats et fonctionnaires.

L'élévation des nobles sentiments dont ils furent profondément pénétrés à la vue de l'horrible dégradation du plus magnifique des monuments religieux dont la France a le droit de s'enorgueillir, peut se peindre par quelques mots échappés de la bouche du ministre, au moment où posant les pieds sur la plate-forme du mur qui divise la nef et le chœur, ses yeux se portèrent sur ses belles pyramides, torréfiées, sillonnées de plaies encore chaudes, et échappées, comme par miracle, à la destruction qui les avait menacées avec tant de fureur; M. Sauzet se retournant alors avec vivacité vers ceux qui l'entouraient : *Je vous en prie, messieurs*, leur dit-il, avec une émotion mêlée de douleur, *ne me dérangez pas, je suis dans l'extase de la plus grande admiration*.

Le séjour de M. Sauzet fut court, comme celui de M. le maire, dont la présence devenait si urgente à la chambre des députés au moment de la présentation si indispensable d'un projet de loi sur la question importante qui venait d'être soulevée par la force des événements. Chacun se hâta donc de retourner à son poste.

Dans ces entrefaites, les architectes du Gouvernement se livrèrent avec empressement au travail qui leur était confié ; et nous nous trouvons heureux, dans cette circonstance grave, de pouvoir rendre une justice honorable à MM. du conseil des bâtiments civils en 1836, et nous aimons à proclamer hautement le zèle si plein d'intérêt avec lequel ils ont rempli leur triste et importante mission. Le rapport qu'ils ont présenté au Gouvernement en porte le cachet irrécusable.

CORRECTION ET ADDITION UTILE.

Nous avons dit, page 21, que le plus gros bourdon qui portait le nom de *Marie*, avait été fondu en 1510; c'est une erreur : ce fut la cloche des Biens, nommée *Anne de Bretagne*, parce qu'elle fut donnée par Anne, duchesse de Bretagne, mariée en premières noces avec Charles VIII et en secondes avec Louis XII, roi de France. Cette princesse vint en 1510 à Chartres, où, ravie de la voix d'un nommé Lefebvre, enfant de chœur, elle le demanda à messieurs du chapitre qui le lui accordèrent. En les remerciant elle leur dit : « Vous m'avez donné une petite voix, mais moi je veux vous en donner une grosse », qui fut la cloche des Biens, ainsi surnommée parce que ce même Lefebvre à qui la princesse avait donné une chanoinie à Chartres, donna la somme de trois mille livres à messieurs du chapitre, à la charge qu'on sonnerait cette cloche depuis le dimanche d'après Pâques jusqu'au dimanche de la Trinité, et ce, une heure par jour, savoir : depuis six heures du soir jusqu'à 7 heures.

Page 49, à l'alinéa qui se termine par ces mots : comme les chênes d'une forêt qui cèdent aux efforts d'une trombe impétueuse, — il faut ajouter : Dans l'intérieur de la charpente, au moment où l'air se fraya un passage aussi rapide, la commotion fut si violente que plusieurs morceaux de plomb de la couverture furent lancés à plus de 40 pieds d'élévation.

Chartres, Imprimerie de Garnier fils.

Ouvrages concernant le Pays chartrain,

QUI SE TROUVENT CHEZ LE MÊME LIBRAIRE.

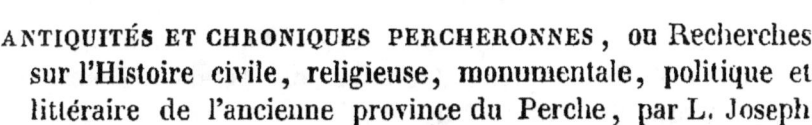

ANTIQUITÉS ET CHRONIQUES PERCHERONNES, ou Recherches sur l'Histoire civile, religieuse, monumentale, politique et littéraire de l'ancienne province du Perche, par L. Joseph Fret, curé de Champs. 3 vol. in-8. Prix de chaque volume 6 fr. 25 c.

HISTOIRE GÉNÉRALE, CIVILE ET RELIGIEUSE DE LA CITÉ DES CARNUTES ET DU PAYS CHARTRAIN, vulgairement appelé BEAUCE ; dediée à S. A. R. le duc d'Orléans, par M. J. E. Ozeray. 2 vol. in-8. 10 fr.

CATALOGUE DES MANUSCRITS de la bibliothèque de Chartres. 1 vol. in-8 (sous presse).

ANNUAIRE statistique, commercial et historique du département d'Eure-et-Loir pour 1839. 1 vol. in-12. Prix : 2 fr. 25 c.

DESCRIPTION géographique, statistique et topographique DU DÉPARTEMENT D'EURE-ET-LOIR, présentant, son état physique, moral, politique, agricole, industriel, etc., par J. Doublet de Boisthibault, membre de la Société royale des Antiquaires de France, etc. Un vol. in-8 orné d'une carte. Prix : 3 francs.

VUES PITTORESQUES DE LA CATHÉDRALE DE CHARTRES, dessinées par Chapuy et lithographiées par Engelmann, accompagnées d'un texte explicatif, par Jolimont. 3 livraisons grand in-4, contenant 13 planches. Prix : papier blanc 18 fr., papier de Chine 24 fr.

DESCRIPTION HISTORIQUE de l'église cathédrale de Chartres, par M. Gilbert, nouvelle édition ornée d'une vue de ce monument et du plan d'un caveau. 1 vol. in-8. 2 fr. 50 c.

ALBUM PITTORESQUE du Département d'Eure-et-Loir, contenant les vues des monuments et des principaux sites du pays; par Gallot. 4 livraisons in-4 oblong.
Chaque livraison, composée de 4 sujets lithographiés, se vend, papier blanc 1 fr. 20 c.; papier de Chine, 2 fr. 20 c.

ALICE la fille du peaussier, et GEHENDRIN de Beauce, chartraine. 1 vol. in-12, tiré à petit nombre. 1 fr. 50 c.

MÉMOIRE SUR UNE MOSAÏQUE et des Antiquités romaines trouvées à Marboué, près Châteaudun, par Vergnaud Romagnési. In-8 orné de figures. 2 fr. 50 c.

www.ingramcontent.com/pod-product-compliance
Lightning Source LLC
LaVergne TN
LVHW051457090426
835512LV00010B/2204